aujourd'hui

aujourd'hui

RAYMOND ORTALI

State University of New York at Albany

HARCOURT BRACE JOVANOVICH, INC.

New York / Chicago / San Francisco / Atlanta

ACKNOWLEDGMENTS

The editor wishes to thank the following for kind permission to adapt and reprint copyrighted material:

ELLE   for "Le Monde renversé," "Faire la fête," "Jésus-Christ, c'est formidable!"

LA QUINZAINE LITTÉRAIRE   for "Et tu mangeras ton frère."

L'EXPRESS   for "Faut-il supprimer les examens?" "Dommage que vous soyez une femme," "Qu'en pensent les hommes?" "Ni sens ni but?" "Jésus-Christ, c'est formidable!" "L'Exécution," "La Grande Bouffe," "Au musée la gastronomie," "Et demain?" "Acteurs sans le savoir," "Je ne suis pas fou!" "Quel avenir?" "L'Atome ou la catastrophe," "Croissance zéro?"

LE FIGARO   for "Qu'est-ce qui fait courir les jeunes?"

LE NOUVEAU GUIDE GAULT-MILLAU   for "Et demain?"

LE NOUVEL OBSERVATEUR   for "Le Raid," "À qui la faute?" "Dialogues de singes," "Ni sens ni but?" "Le Sorcier du Bon Dieu," "Les Sorciers des petites aiguilles," "Malheur public, bonheur privé," "Et tu mangeras ton frère," "Nous sommes tous des bourreaux," "L'Opinion de Michel Foucault," "Le Racisme a-t-il des fondements scientifiques?" "Ils mangent notre pain," "Croissance zéro?"

LE POINT   for "L'exemple du bac," "Le Tu s'installe," "Jésus-Christ, c'est formidable!" "Le plaisir de voler."

LES GUIDES BLEUS   for "Petit Guide de l'autostoppeur."

LES NOUVELLES ÉDITIONS EDDIE BARCLAY   for "Je Suis." Avec l'aimable autorisation de la Société des Nouvelles Éditions Eddie Barclay.

PARIS MATCH   for "Êtes-vous faits l'un pour l'autre?" from an article by J. M. de Foville in *Parents*.

Picture credits and copyright acknowledgments are on page 241.

ISBN: 0-15-504303-X

Library of Congress Catalog Card Number: 76-1764

Printed in the United States of America

To the student

Aujourd'hui is a textbook that provides you with interesting and thought-provoking readings, a concise and logical overview of French grammar, and a variety of exercises. Its purpose in providing these materials is to lead you to express your own views—either orally or in writing—on contemporary matters in correct, up-to-date French.

When can you use *Aujourd'hui*?

Very early indeed: at the end of your elementary course or the beginning of your intermediate course. The selections presented were carefully chosen for their readability at this level.

How is *Aujourd'hui* organized?

Each of the fourteen units has a unifying theme indicated by its title and is divided into four sections: first, the reading selections; second, the grammar discussions and exercises, called "Exerçons-nous"; third, "Un Peu de vocabulaire"; and fourth, "Imaginons/Discutons."

THE READINGS

• Each group of readings has a brief headnote telling you something about the selections that follow and how they tie in with the topic of the unit. The articles come from contemporary newspapers and magazines and represent some of the best French journalistic writing of today. They were chosen not only because they are interesting in themselves but because they can lead to rewarding analysis and discussion.

The articles in the early units are somewhat less difficult than those appearing later on; these earlier articles are also more liberally glossed and footnoted. As you progress through the book you will find that you need less help of this type.

ILLUSTRATIONS

• Photos, drawings, cartoons, and advertisements are abundant. Some of them appeared with the original articles; others were chosen because they are excellent points of departure for discussing an aspect of the theme of the unit. As you will see, they are far more than mere decoration.

EXERÇONS-NOUS

• The grammar point presented to you and on which you are drilled in each unit has been determined by the structure and context of the preceding readings. For example, the topic of unit 1, "Vacances à la carte," implies questions like: Où allez-vous? D'où venez-vous? Depuis quand êtes-vous à Paris? To answer such questions, you must be familiar with the "groupe prépositionnel," and this is precisely what you will learn—or review—in unit 1. (A more detailed explanation of the grammar presentations appears below.)

UN PEU DE VOCABULAIRE

• This section is not simply a vocabulary list. It again builds on the reading selections, but this time the emphasis is on preparing you to express yourself more fluently by expanding your vocabulary from the terms used in the readings to related items—words and phrases that will be useful to you in the final activity of each unit: "Imaginons/Discutons."

IMAGINONS / DISCUTONS • In this section you will have the opportunity to apply what you have read and learned in all the other sections of the unit. The reading texts have presented subjects on which you will surely have opinions of your own; the grammar and drills have familiarized you with the appropriate structures to use in discussing these subjects; "Un Peu de vocabulaire" has added to your basic personal vocabulary. Now you can confidently—and correctly—express your own thoughts and opinions, either orally or in writing. And this self-expression is, as we have said, the purpose of the book.

A note on the grammar presentation

Aujourd'hui aims to present French grammar in a logical way. Here is how it has been done.

Any simple French sentence is made up of at least two elements. Often a third element is added:

| À midi | mon ami Pierre | est arrivé de Paris. |
| 3 | 1 | 2 |

Number 1 (*le groupe du nom*) and number 2 (*le groupe du verbe*) are indispensable to the very existence of the sentence. Number 3 (*le groupe prépositionnel*) is not, but it adds an important piece of information to the sentence. The study of these three groups is the backbone of our work in the first part of this book.

> *le groupe prépositionnel* (unit 1)
>
> *le groupe du nom*
> the noun and its usual determinants: articles, demonstrative and possessive adjectives, and the like (unit 2)
> the pronouns, which are simply substitutes for the noun (unit 3)

le groupe du verbe
the special case of the verb *être* (unit 4)
other verbs (unit 5)
special problems of the subjunctive (unit 6)

By this time, you will be familiar with all the constituent elements of a simple declarative sentence and will be able to play the "expansion game," which permits you to build a long sentence in a very simple way (unit 7).

The simple declarative sentences with which you have been concerned up to this point have been affirmative, active, and neutral. In the second part of the book, however, you will be introduced to variations and combinations of this basic pattern.

First of all, a declarative sentence may be negative instead of affirmative; passive instead of active; emphatic instead of neutral. Further, simple sentences may be other than declarative: they may be interrogative, imperative, or exclamatory. Still further, these nondeclarative sentences may also have the same affirmative–negative, active–passive, and neutral–emphatic characteristics as declarative ones. This table shows the possible combinations:

DECLARATIVE	INTERROGATIVE	IMPERATIVE	EXCLAMATORY
affirmative–negative			
active–passive			
neutral–emphatic			

The later units will concentrate on three of the most common of these sentence types: *la phrase interrogative* (unit 8); *la phrase negative* (unit 11); *la phrase passive* (unit 12).

Finally, in addition to the simple sentence, two other types of sentences frequently occur in speech and writing and will therefore be discussed in detail:

la phrase avec un pronom relatif (unit 9)
la phrase au conditionnel avec si (unit 10)

Acknowledgments

I would like to express my thanks to the French journalists who wrote the articles and to the following publications, which have permitted *Aujourd'hui* to use those articles: Éditions Eddie Barclay, *Elle, L'Express, Le Figaro, Les Guides bleus,* Librairie Hachette, *Le Nouveau Guide Gault-Millau, Le Nouvel Observateur, Parents, Le Point, La Quinzaine littéraire.* I would also like to thank my students at S.U.N.Y., Albany, who provided useful comments and suggestions.

This book would not have existed without the help of my friend and colleague Professor Paul Pimsleur, to whom I express my deepest gratitude, not only for his initial suggestion that I accept this commitment, but for our pleasant and fruitful discussions during the writing of *Aujourd'hui.*

I wish to acknowledge the very professional assistance I have received from the gracious and efficient staff of Harcourt Brace Jovanovich. I would also like to thank Clifford Browder for his important contribution to the preparation of the final manuscript. Mr. Browder was instrumental in much of the streamlining of the "Exerçons-nous" and "Imaginons/Discutons" sections, as well as the preparation of most of the "Un Peu de vocabulaire" sections. *Aujourd'hui* would not be what it is without my wife's patient encouragement. Any flaws the work may contain are of course my own responsibility.

R. O.

Contents

1 VACANCES À LA CARTE   3

aujourd'hui

VACANCES À LA CARTE

1

Les vacances sont terminées? Hélas oui, puisque[1] vous avez ouvert vos livres de français... Mais il n'est pas défendu[2] d'en parler encore un peu. Vous aimez le risque? les vacances « pas comme les autres »? Alors, lisez « Le Raid ». Vous êtes un peu moins audacieux, mais cependant amoureux de la route? Peut-être approuverez-vous les réactions de quelques jeunes Français (« Qu'est-ce qui fait courir les jeunes? »). Et si vous aimez l'auto-stop,[3] vous saurez[4] ce que vous devrez faire l'été prochain — ou ce que vous auriez dû faire[5] l'été dernier — en vous inspirant des principes du « Petit Guide de l'auto-stoppeur ».

---

[1] *since*

[2] *forbidden*

[3] *hitchhiking* : L'auto-stoppeur (le stoppeur) : celui qui fait de l'auto-stop.
  Le stoppé (dans le jargon des auto-stoppeurs) : le conducteur (*driver*) de la voiture.

[4] futur de *savoir*

[5] vous auriez dû faire : *you should have done*

◁ **Combien de centimètres carrés (*square*) par touriste?**

Le Raid

Vous avez envie de° descendre le Niger en canoë, de chasser° le crocodile en Amazonie, de visiter l'Afghanistan à cheval? Alors « le raid » est fait pour vous.

Le principe du raid, c'est de partir en petit groupe, vers une destination précise, de préférence éloignée° et difficile d'accès. L'argent? Il faut, bien sûr, celui du charter. Pour le reste, il suffit — ou presque — d'un jean, d'un sac marin,° et de beaucoup d'humour. Si votre voiture tombe en panne° ou si votre cheval refuse d'aller plus loin, à 4.000 mètres⁶ d'altitude, au milieu de la Cordillère des Andes,° souriez.° L'aventure, c'est ça!

Cependant, l'aventure, ça ne s'improvise pas° tout à fait. Entre copains,° pendant des mois, vous allez préparer votre voyage en rêvant° sur des cartes. Et puis, des associations sont là pour vous aider. La plupart ont été créées par des jeunes comme vous, en réaction contre le « tourisme de masse ». Non aux plages° à la mode de la Côte d'Azur,° où des millions de touristes se battent, le mois d'août venu, pour conserver les quelques centimètres carrés de sable° qu'ils ont conquis! Non aux vieilles demoiselles° américaines à lunettes° roses qui descendent, chaque été, vers les Baléares° ou la Thaïlande, accompagnées de leur inséparable transistor!

Le raid, c'est tout autre chose° : la liberté, l'imprévu.° En un mot : l'antitourisme.

Adapté d'un article de Patrick Sery, *Le Nouvel Observateur.*

---

⁶ Remarquez la différence de ponctuation. En français : 4.000 mètres; en anglais : *4,000 meters.*

Vous... You feel like / hunting

remote

sac marin duffel bag
tombe... breaks down

la... the Andes / smile
ça... can't be improvised
buddies, pals
en rêvant while dreaming

beaches
Côte... Riviera

sand / old maids
glasses
Balearic Islands

tout... quite another thing / the unforeseen

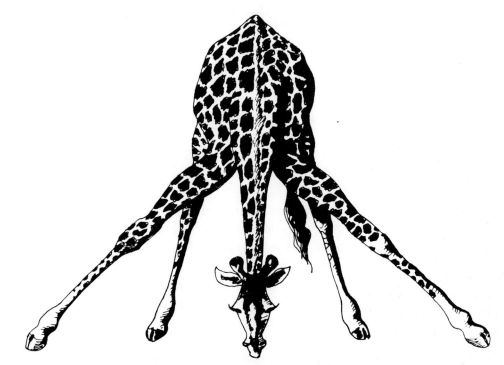

L'AFRIQUE DU SUD VOUS SALUE BIEN

South African Airways
Vous êtes chez vous

Qu'est-ce qui fait courir les jeunes?

Mais le raid, c'est aussi le risque, et de nombreux jeunes gens souhaitent° adopter une façon moins audacieuse de voyager : certains font du stop, d'autres préfèrent la sécurité de l'Eurail-pass[7]... Ce qu'ils refusent tous, cependant, c'est de rester chez eux. Ce qu'ils ont tous : la bougeotte.[8]

    Qu'est-ce donc° qui fait courir tous ces amoureux de la route? Plus de trente jeunes Français et Françaises de quatorze à trente ans me l'ont dit à leur retour : même° si le voyage se fait en groupe, il s'agit° d'abord d'une « expérience personnelle ». Bien sûr, chacun réagit à sa façon, et d'abord au choc de civilisation. Les idées reçues° sont pulvérisées. « Je ne pense plus que les Américains se nourrissent exclusivement de sauce tomate » (Guillaume, quatorze ans). « Les Nord-Africains ne sont pas comme on les juge à Paris » (Catherine, dix-huit ans). Découverte aussi de nouvelles cultures et de nouveaux modes° de vie : « Maintenant, je connais mieux l'histoire de l'Inde que celle de mon pays », dit Roseline, vingt-six ans, qui en a passé cinq entre Paris et New-Delhi à Solex.[9] « Je comprends ce que peut être un système° où la communauté est aussi importante, sinon plus importante que la famille », affirme Françoise, vingt-quatre ans, après un séjour° en Israël. Bref,° les jeunes retrouvent,° d'expérience directe, les informations « neutres » qui leur avaient été transmises par les « mass media ». Ils ont, comme dit Michel (dix-sept ans), mis des images sur les mots des livres.

    Leur connaissance passe° essentiellement par la rencontre, le contact personnel. La relation humaine, voilà le plus important.

	want
	then
	even
	il s'agit it's a question
	idées reçues stereotypes
	ways
	ce... the nature of a system
	stay / in short / rediscover
	Leur... Their knowledge comes

---

[7] Eurailpass : une carte qu'on achète aux États-Unis et qui permet de voyager autant (*as much*) qu'on veut dans les trains européens
[8] *the fidgets* : c'est-à-dire qu'ils veulent toujours voyager
[9] une marque (*make*) de motocyclette

Assumer une forme de solitude qui n'exclut pas la communication

Voyager, c'est connaître l'autre, et donc se remettre en cause,° par rapport à soi-même° et à la société. Pour Jean-François (vingt-huit ans) et Anne-France (vingt-neuf ans), il s'agit à la fois° de trouver sa place dans le monde et d'assumer une forme de solitude qui n'exclut pas la communication, une communication directe, sans barrières d'éducation ou de milieu social.

Ce qu'on remet en cause à chaque départ, c'est son propre° environnement, les rythmes qui nous emprisonnent; on n'accepte plus d'être indifférent à sa vie, même une seconde par jour. Le voyage est une stimulation permanente — physique et intellectuelle — à rompre° avec ses habitudes et son personnage pour être vraiment soi-même.

Albert dit-il autre chose quand il affirme : « Le voyage, c'est aussi la recherche du paradis perdu »?

Adapté d'un article de Bernard Soulé, *Le Figaro.*

Petit Guide de l'auto-stoppeur

Il faut se tenir bien droit.° Paraître détendu,° même si on attend depuis trois heures. Regarder l'automobiliste droit° dans les yeux, pour établir aussitôt° un contact avec lui. C'est pour cela qu'il ne faut jamais faire du stop avec des lunettes de soleil. Attention aux cheveux longs! Les mettre en arrière,° derrière les oreilles;° s'ils sont vraiment longs, ne pas hésiter à les attacher avec un élastique.° C'est peut-être un peu malhonnête, mais c'est efficace.°

Une règle° fondamentale : porter une chemise de couleur claire,° et même blanche. De plus,° contrairement à ce que pensent beaucoup d'auto-stoppeurs,° une certaine forme d'originalité dans l'habillement n'est pas à bannir. De nombreux automobilistes aiment s'arrêter pour prendre des « petits-rigolos°-qui-ont-l'air-bien-sympathiques ».° C'est sans doute par le chapeau que vous pourrez le mieux donner cette touche d'originalité (choisir un chapeau de cow-boy, un sombrero espagnol...)

Vis-à-vis des autres stoppeurs, il convient° de respecter trois règles fondamentales :

— se placer toujours derrière celui qui est arrivé avant vous.
— ne pas se placer trop près de lui, afin de ne pas° le gêner.°
— ne pas oublier, lorsqu'on passe à côté de lui, de lancer le « Bonne chance! » ou le « Good Luck! » traditionnels.

D'autre part,° il existe une loi tacite entre le stoppeur et le stoppé : vous ne devez° pas vous installer confortablement au fond de la voiture et vous endormir en attendant que votre chauffeur vous conduise[10] à destination... S'il vous prend, c'est en général parce qu'il désire apprendre quelque chose de vous, de vos activités ou de vos voyages. C'est donc à vous de vous montrer intéressant! Enfin, quand vous descendez, n'oubliez jamais de dire au revoir à votre conducteur dans sa propre langue. C'est le détail qui le poussera° à prendre d'autres auto-stoppeurs. Alors, soyez gentil, pensez aux copains!

Adapté d'un livre de Philippe Gloaguen et Michel Duval :
Le Guide du routard[11] – *Europe*, Librairie Hachette, Paris, 1975
dans lequel vous trouverez de nombreux renseignements°
pour vos voyages autour du monde.

---

[10] subjonctif de *conduire*
[11] *fam.* l'amoureux de la route

se... stand straight / **paraître détendu** appear relaxed
right
at once

en arrière behind / ears
rubber band
effective

rule / bright
Moreover
contrairement... contrary to what many hitchhikers think
jokers / likable, congenial

is advisable, is proper

afin... so as not to / **le gêner** get in his (or her) way

D'autre part On the other hand
must

will prompt

information

EXERÇONS-NOUS

LE GROUPE PRÉPOSITIONNEL

▌ Où allez-vous? D'où venez-vous?

Il est impossible de faire du stop sans être capable d'expliquer *où on va* et *d'où on vient.* Pour cela, il faut savoir utiliser les groupes prépositionnels :

> Vous allez **à Paris?**
> Non, je vais **en Italie.**

— *à* et *en* sont des prépositions.
— *à Paris* et *en Italie* sont des groupes prépositionnels : une préposition + un nom (et quelquefois d'autres mots). Voici une petite histoire qui contient beaucoup de ces groupes prépositionnels. Regardez l'image, puis lisez l'histoire.

> Hélène, Raymond et Éric font de l'auto-stop.
>
> Hélène est **près de l'arbre** et Raymond est **à côté d'elle.** Hélène et Raymond sont **sous l'arbre.** Raymond est assis **sur son sac.** Il est en partie caché **derrière Hélène,** et l'oiseau est **dans l'arbre.**
> Éric s'est placé **derrière Hélène et Raymond,** assez **loin d'eux.** Pourquoi? Parce qu'il est arrivé **après eux** (ils sont arrivés **avant lui**) : un auto-stoppeur doit toujours se placer **derrière celui** qui est arrivé **avant lui. Entre Éric et le couple,** il y a un chat.

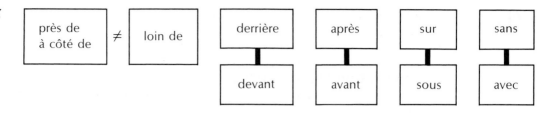

EXERCICES

1. Vous êtes Éric. Racontez l'histoire au présent. Vous avez déjà rencontré le couple et vous connaissez les noms. Utilisez beaucoup de groupes prépositionnels.

   MODÈLE : **Je suis Éric. Je fais de l'auto-stop. Sur la route je rencontre un couple, Hélène et Raymond...**

2. Vous êtes Hélène. Racontez l'histoire au présent.

II **Un Article ou pas d'article?**

Pour expliquer où on va et d'où on vient, il faut

— savoir si un article est nécessaire ou non devant un nom géographique,

— savoir combiner les noms géographiques avec trois importantes prépositions : *à, en, de.*

A

Paris New York **Le** Havre	est **une ville** française. américaine. française.
Le Jura **La** Savoie	est **un département** français.
La Provence **La** Bretagne	est **une province** française.
La France **L'**Espagne **Le** Danemark	est **un pays** d'Europe.
L'Europe **L'**Asie	est **un continent.**

REMARQUEZ

— *Pas d'article* pour les noms de villes (sauf pour une ville comme Le Havre, où le nom de la ville contient un article).

— *Article* pour les autres noms géographiques.
  • *Un département* est une division administrative de la France.
  • *Une province* n'a pas d'existence administrative; son importance est historique et culturelle. Dans une province, il y a plusieurs départements.

EXERCICE Répondez aux questions suivantes d'après (*according to*) le modèle. Si vous n'êtes pas sûr, vérifiez sur une carte!

MODÈLE : Où se trouve New York par rapport à Chicago?
New York se trouve à l'est de Chicago.

1. Où se trouve Chicago par rapport à la Nouvelle Orléans?
2. Où se trouve San Francisco par rapport à Chicago?
3. Où se trouvent les États-Unis par rapport au Canada?
4. Où se trouve la France par rapport à la Suisse?
5. Où se trouve la France par rapport à l'Italie?
6. Où se trouve la France par rapport à l'Allemagne?
7. Où se trouve Paris par rapport à Bordeaux?
8. Où se trouve l'Europe par rapport à l'Asie?

B

OÙ ON VA	D'OÙ ON VIENT
villes Je vais **à** Moscou. Je vais **à** New York. *cas spécial* : Je vais **au** Havre.	Je viens **de** Moscou. Je viens **de** New York. Je viens **du** Havre.

régions (pays, provinces, continents)
noms féminins
Je vais **en** Amérique du Sud.
Je vais **en** France.
Je vais **en** Suisse.
   noms masculins
Je vais **au** Danemark.
Je vais **au** Mexique.
   noms pluriels
Je vais **aux** États-Unis.
	Je viens **d'**Amérique du Sud.
	Je viens **de** France.
	Je viens **de** Suisse.
	
	Je viens **du** Danemark.
	Je viens **du** Mexique.
	
	Je viens **des** États-Unis.

REMARQUEZ — La plupart des noms de pays européens sont féminins; la plupart des pays du Nouveau Monde sont masculins.
— La plupart des noms de continents sont féminins.
— Après *en,* il ne faut jamais d'article.

EXERCICE   Pour chacun des numéros (1, 2, 3), faites trois phrases complètes en utilisant un nom de la colonne de droite (ou un autre nom géographique de votre choix). Vous devez obtenir neuf phrases.

MODÈLE : Je suis déjà allé   Italie
Je suis déjà allé en Italie.

1. Je suis déjà allé   Paris
2. Je voudrais aller   Angleterre
3. Je viens de   Rome
                            Russie
                            Canada
                            la Nouvelle Orléans
                            Marseille
                            Espagne
                            Londres
                            Mexique
                            Afrique

III   Depuis quand? Jusqu'à quand?

How long have you been in Paris?

Depuis quand êtes-vous à Paris?   (*literally: Since when . . . ?*)
J'y suis **depuis mardi dernier.**

REMARQUEZ   — *Depuis quand* insiste sur (*stresses*) la date de votre arrivée.

— Le verbe *être* est au présent.

— On peut dire aussi :
  • Depuis quel jour...?
  • Ou, avec le verbe *arriver* et le passé composé : Quand êtes-vous arrivé à Paris?

How long are you staying in Paris?

1. **Jusqu'à quand** restez-vous à Paris?   (*literally: Until when . . . ?*)
   J'y reste **jusqu'à mardi prochain.**
2. **Combien de temps** restez-vous à Paris?
   J'y reste **deux mois.**

REMARQUEZ
— Ici, le français est plus riche que l'anglais : deux phrases françaises pour une phrase anglaise.
— La phrase 1 (Jusqu'à quand?) insiste sur la date de votre départ.
— La phrase 2 (Combien de temps?) insiste sur la durée (*length*) de votre séjour.
— Le verbe *rester* est au présent dans les deux phrases.
— On peut le mettre au futur proche, mais ce n'est pas obligatoire :

- Jusqu'à quand
- Combien de temps $\Big\{$ allez-vous rester à Paris?

— Dans la phrase 2, on peut dire aussi : *Pendant* combien de temps restez-vous à Paris?
  • Mais *pendant* n'est pas obligatoire.
  • Dans cette phrase, on ne peut pas utiliser *pour*!

How long did you stay in Paris?
Combien de temps êtes-vous resté à Paris?
J'y suis resté **deux mois.**

REMARQUEZ
— Le verbe *rester* est au passé composé, et pas à l'imparfait. Pourquoi? Vous trouverez l'explication à la section suivante : *Passé composé ou imparfait?*

How far are you going?
Jusqu'où allez-vous?
Je vais **jusqu'à Paris.**

REMARQUEZ
— *Jusqu'à* s'utilise pour le temps, et aussi pour la distance.
— On peut dire également :
  • Jusqu'à quelle ville?
  • Jusqu'à quel endroit (*place*)?

EXERCICES
1. Vous êtes à Paris et vous voulez aller à Lyon en auto-stop. Une voiture s'arrête. L'automobiliste vous demande d'où vous venez, jusqu'où vous allez, depuis quand vous êtes en France, combien de temps vous allez y rester, pourquoi vous voyagez, pourquoi vous portez un chapeau de cow-boy, etc. Imaginez la conversation.

2. Vous conduisez votre voiture sur une route américaine. Vous vous arrêtez et vous prenez un auto-stoppeur. Il est Français! Imaginez la conversation.

UN APERÇU SUR LE PASSÉ COMPOSÉ

Être ou avoir?

> Éric s'**est** placé derrière Hélène.
> La voiture s'**est** arrêtée devant lui.

> Éric **est** arrivé après eux.
> Nous **sommes** montés dans le train.
> Elle **est** descendue de l'auto.

> Nous **avons** rencontré des amis.
> J'**ai** parlé au conducteur dans sa propre langue.

REMARQUEZ — Au passé composé, certains verbes se conjuguent avec *être*, d'autres avec *avoir*.
— avec *être* :
  • tous les verbes réfléchis (*reflexive*).
  • quelques verbes très communs, qui expriment en général un mouvement ou un change-ment d'état. (Dans tous ces verbes, re- signifie *encore une fois, de nouveau*.)

aller	venir
	revenir (*to come back here*)
	retourner (*to go back over there*)
	devenir
arriver	partir
rester (*to stay*)	repartir
entrer	sortir
rentrer	ressortir
naître	mourir
renaître	

— avec *avoir* : tous les autres verbes.

EXERCICES   1. Répondez aux questions suivantes.

   MODÈLE : À quel âge Jésus-Christ est-il mort?
   Il est mort à trente-trois ans.

   1. Quand êtes-vous né? (le...)
   2. Vous habitez New York. Vous êtes parti pour la France le Ier juin. Vous y êtes resté deux mois. À quelle date êtes-vous revenu à New York?
   3. De New York à Albany, il y a trois heures de voiture. Vous êtes parti de New York à midi. À quelle heure êtes-vous arrivé à Albany?
   4. À huit heures, vous êtes retourné à New York. Combien de temps êtes-vous resté à Albany?

   2. Répondez aux questions suivantes en employant *déjà* et le passé composé. Attention à la place de *déjà*.

   MODÈLE : Quand vont-ils visiter Paris?
   Ils l'ont déjà visité.

   1. Quand vont-ils partir?
   2. Faites de l'auto-stop.
   3. Elle va tomber.
   4. Votre cheval va refuser d'aller plus loin.
   5. Préparez votre voyage en rêvant sur vos cartes.
   6. Ils montent dans la voiture?
   7. Ces jeunes trouveront leur place dans le monde.
   8. L'auto-stoppeur va se cacher derrière un arbre.

II   Passé composé ou imparfait?

> J'**ai rencontré** Éric.
> L'an dernier, j'**ai fait** de l'auto-stop.
> Je lui **ai dit** au revoir.
> Il m'**a pris** jusqu'à Lyon.
> Vous **vous êtes placé** loin de nous.
>
> Ce jour-là, il **portait** une chemise blanche.
> Il **portait** toujours une chemise blanche.
> Il **faisait** beau.
> Elle **était** fatiguée.
> La voiture **était** rouge.

— *Le passé composé* est employé pour raconter une action passée qui est terminée au moment où on parle :
• J'ai rencontré Éric.

— *L'imparfait* est employé pour raconter une action passée qui a duré (*lasted*) longtemps ou qui a eu lieu (*happened*) souvent. Ce temps est très employé pour les descriptions :
• Ce jour-là, il portait une chemise blanche.
• Il portait toujours une chemise blanche.

— Quelquefois, on peut hésiter : faut-il employer le passé composé ou l'imparfait? Voici un bon tuyau (*hint*) :
• Vous voulez insister sur le fait (*fact*) qu'une action a eu lieu à un moment précis dans le passé : passé composé. L'an dernier, *j'ai fait* de l'auto-stop.
• Vous voulez insister sur le fait que la même action a duré pendant un temps indéterminé dans le passé : imparfait. J'ai rencontré Éric pendant que *je faisais* de l'auto-stop.

— Notez bien ces deux phrases :
• J'ai fait du stop *pendant* six mois. (Vous n'en faites plus.)
• Je fais du stop *depuis* six mois. (Vous en faites encore.)

EXERCICES   1. Vous êtes Éric. Racontez au passé l'histoire que vous avez racontée au présent à la page 10.

2. Vous êtes Hélène. Racontez l'histoire au passé.

UN PEU DE VOCABULAIRE

Voici des phrases tirées (*drawn*) des textes que vous avez lus. Répondez aux questions en français. Les mots entre parenthèses vous aideront à le faire.

1. Qu'est-ce qui fait courir les jeunes?
   — Que veut dire *faire courir* quelqu'un? (obliger à, forcer à)
   — Que signifie alors *faire travailler quelqu'un? faire parler quelqu'un?*

2. Ils souhaitent adopter une façon moins audacieuse de voyager.
   — Remplacez *souhaitent* par au moins deux autres verbes synonymes.
   — Exprimez (*express*) *moins audacieuse* de plusieurs autres façons. (le risque, le danger, timide, prudent)

3. Bien sûr, chacun réagit à sa façon.
   — Donnez au moins deux synonymes de *bien sûr*.
   — Qu'est-ce que c'est que (*What does it mean to*) *réagir à sa façon* à une expérience? Expliquez.
   — Quel substantif (*noun*) correspond au verbe *réagir?* Employez-le dans une phrase.

4. Les idées reçues sont pulvérisées.
   — Qu'est-ce que c'est qu'une (*What is a*) *idée reçue*? Donnez des exemples.
   — Que signifie *pulvériser?* Ici le verbe est employé au sens figuré. Employez-le au sens propre (*literally*).

5. Ce qu'on remet en cause à chaque départ, c'est son propre environnement.
   — *Remettre en cause son environnement,* qu'est-ce que c'est?
   — Expliquez le mot *environnement.* De quoi un environnement est-il composé? Donnez un synonyme pour ce mot.

6. Vis-à-vis des autres stoppeurs, il convient de respecter trois règles fondamentales.
   — Que veut dire *vis-à-vis des autres stoppeurs?* Exprimez cette idée d'une autre façon. (en ce qui concerne, quant à)
   — Dans la phrase donnée, remplacez *il convient de* par des mots qui disent plus ou moins la même chose. (devoir, falloir, il est bien de)

7. D'autre part, il existe une loi tacite entre le stoppeur et le stoppé.
   — Qu'est-ce que c'est qu'une *loi tacite?* Expliquez.
   — *Il existe une loi tacite* : exprimez cette idée en remplaçant (*by replacing*) le verbe impersonnel par un autre verbe.

8. Ils aiment s'arrêter pour prendre des « petits-rigolos-qui-ont-l'air-bien-sympathiques ».
   — Qu'est-ce que c'est qu'un *petit rigolo?*
   — Les Français aiment beaucoup ce mot *sympathique* : ils disent *un garçon sympathique, une chambre sympathique.* Que signifie ce mot? Donnez des synonymes.
   — *Il a l'air sympathique.* Remplacez *avoir l'air* par des synonymes. (sembler, paraître)

IMAGINONS / DISCUTONS

1. Avez-vous jamais (*ever*) fait de l'auto-stop, aux États-Unis ou ailleurs?
   — Si vous l'avez fait, est-ce que c'était volontairement ou par nécessité? Est-ce que cela a bien marché? Est-ce que les conseils (*advice*) du « Petit Guide de l'auto-stoppeur » vous semblent justes (*accurate*)? Quels autres conseils peut-on ajouter (*add*)?
   — Si vous ne l'avez pas fait, imaginez que vous allez le faire. Comment allez-vous agir (*act*) pour devenir, aux yeux des automobilistes, un « petit rigolo qui a l'air bien sympathique »? Proposez une technique, des trucs (*tricks, gimmicks*).
   — Avez-vous jamais pris un stoppeur dans votre voiture? Pourquoi — ou pourquoi pas? Si vous l'avez fait, comment a-t-il (a-t-elle) agi pour vous convaincre (*convince*) de vous arrêter?

Crise ou pas crise, chez Air France la 1ère classe reste toujours la 1ère classe.

2. Air France veut « transformer votre vol (*flight*) en une agréable évasion. »

   Vocabulaire supplémentaire :
   > une hôtesse de l'air, un steward, un repas, la nourriture,
   > un homard (*lobster*), un seau à glace (*ice bucket*),
   > le champagne, des bouteilles, des magazines, le service,
   > à son aise, se détendre (*relax*), luxueux, coûteux.

   — Regardez l'image et expliquez ce qui se passe (*is happening*).

   — Que fait le jeune homme? Quel air a-t-il? Faites sa description.

   — Que font les autres personnes?

   — Comment peut-on caractériser cette façon de voyager?

   — « Le voyage est une stimulation permanente — physique et intellectuelle — à rompre avec ses habitudes et son personnage pour être vraiment soi-même. » Est-ce que ceci s'applique à ce jeune voyageur? A-t-il l'air de rompre avec ses habitudes? Est-ce qu'il arrive à être « vraiment soi-même »? Commentez.

   — Aimeriez-vous (*would you like*) voyager dans les mêmes conditions que lui? Pourquoi, ou pourquoi pas? Expliquez.

SUJETS SUPPLÉMENTAIRES

IMAGE, p. 2

1. Êtes-vous déjà allé sur une plage aussi encombrée (*crowded*) que celle-ci? Où? Quand? Décrivez-la.

   Vocabulaire supplémentaire :
   >un maillot de bain, un (maillot de bain) deux pièces, nu,
   >habillé, debout, assis, couché, allongé (*lying*) sur le ventre (*belly*),
   >sur le dos (*back*), un parasol, jouer avec le sable, faire des châteaux de sable,
   >un seau (*pail*), une pelle (*shovel*), nager.

2. Êtes-vous pour ou contre le transistor en voyage? Pourquoi? Expliquez.

IMAGE, p. 5

3. Le slogan de la South African Airways est : « Vous êtes chez vous. » Ce slogan n'est-il pas un peu ambigu? Idée de bienvenue (*welcome*), mais aussi refus de remettre en cause le milieu habituel? Qu'en pensez-vous?

IMAGE, p. 7

4. Vous montez (*set up*) votre tente sur cette plage solitaire. Mais les gendarmes arrivent. C'est un endroit défendu (*forbidden*)! Votre dialogue avec les gendarmes, pour essayer de les convaincre.

QUELLE ÉCOLE?

2

Si vous alliez à l'école en France, que ce soit[1] au lycée[2] ou à l'université, tout serait[3] différent pour vous, n'est-ce-pas? Pas sûr!

Comme aux États-Unis, vous vous révolteriez quelquefois contre l'école (« À qui la faute? »), vous affirmeriez que certains examens sont injustes et stupides (« Faut-il supprimer les examens? »). Et vous seriez obsédé,[4] comme tous les autres élèves[2] français, par l'examen typique, symbolique de tout un aspect de l'éducation française : le baccalauréat (« L'Exemple du bac »).

---

[1] que ce soit : *whether*

[2] On prépare le bac (l'examen du baccalauréat) pendant qu'on est *élève* au lycée (*high school*): ensuite, si on continue ses études, on devient *étudiant* dans une université.

[3] conditionnel du verbe *être*

[4] *obsessed*

◁ **En attendant les résultats du bac...**

À qui la faute?

Entre l'école et ceux qui la fréquentent,° tout ne va pas toujours pour le mieux. En voici la preuve° :

— Quel est le personnage historique que vous détestez le plus?
— Charlemagne.
— Pourquoi?
— Parce qu'il a inventé l'école.

Et voici le charmant portrait d'un professeur :

« C'est un monsieur qui, sur cinquante-cinq minutes d'activité professionnelle, en passe cinq à vérifier la présence des élèves, vingt à vérifier° leurs connaissances, quatre à imposer le silence, six à déplorer l'absence de ce silence, cinq à distribuer toutes sortes de vexations, et les quinze minutes qui restent à réciter un discours° perçu,° dans le meilleur des cas, par les trois premiers rangs.° Un calcul rapide nous montre qu'en réalité ce monsieur est à 89 pour cent un gardien de l'ordre, et à 11 pour cent un bavard. »°

Caricature? Bien entendu. Plus modérée, mais aussi contestataire,° cette description, due également à la plume d'un élève : « Il arrive, il s'installe, tire ses papiers de sa serviette,° dicte son cours, referme sa serviette et s'en va. Nous, il ne nous connaît pas. »

Là se trouve sans doute la clé du malaise.° Tout° individu, et l'adolescent plus qu'un autre, a besoin d'être connu, et reconnu.° Dans une classe, surtout s'il s'agit d'une classe nombreuse, ces filles et ces garçons n'ont plus le sentiment d'exister en tant que° personnes, mais celui d'être de simples numéros.

Qu'en pensent les professeurs? Leur point de vue, on s'en doute,° est assez différent. Leur verdict est clair : les élèves ne

attend
proof

ascertain, check

speech / heard
rows

chatterer

challenging
brief case

unrest / Every
acknowledged

en... as

on... as you might expect

22

sont plus ce qu'ils étaient; ils ne peuvent plus suivre le pro-
gramme; ils se contentent d'attraper au vol° quelques connaissances, sans vraiment les assimiler. Et comment s'étonner de ce
recul°? On a laissé la discipline se relâcher°! On a renoncé à
l'esprit de compétition, supprimé les compositions, parfois même
les notes! Difficulté supplémentaire : la concurrence° de ce qu'on
appelle souvent l'école parallèle. Autrefois,° l'enfant, prisonnier
du cercle familial, n'avait pas d'autre contact avec le monde que°

attraper...   catch on the fly

lapse / **se relâcher**   grow slack

competition
formerly
except

l'école, les manuels,° la parole du maître. Aujourd'hui, le monde vient à lui par la publicité, par le cinéma, les journaux, la radio, la télévision. Comment le travail scolaire ne lui semblerait-il pas, en comparaison, abstrait, ennuyeux° et sans objet?

À qui la faute, répliquent les élèves, sinon à l'enseignement lui-même, aux programmes que l'on refuse d'ajuster aux besoins d'une société en pleine évolution? Quant à° l'école parallèle, heureusement qu'elle existe! Sans elle, qui parlerait aux lycéens de l'aventure spatiale, de la révolution des ordinateurs° ou des greffes du coeur?°

textbooks

boring

Quant à as for

computers
greffes... heart transplants

Faut-il supprimer les examens?

Injustice, arbitraire, incohérence : tous les candidats, surtout s'ils sont malchanceux,° ont utilisé un jour ou l'autre ces termes pour se plaindre° des examens. Ils ne sont pas les seuls. « Loin de révéler le savoir et la culture, ils finissent par conditionner les jeunes gens au réflexe de la « bonne réponse », au détriment de la spontanéité, de l'action, de la responsabilité et de la créativité. » Non, ce jugement n'est pas celui d'un pédagogue d'avant-garde. Il est extrait° de la Résolution nº 4, adoptée il y a quelques années par les ministres européens de l'Éducation, réunis à Strasbourg dans le cadre du° Conseil de l'Europe. Un ministre a même ajouté : « Un jour viendra où ce système de contrôle barbare nous paraîtra aussi démodé° que les châtiments° corporels qui ont, cependant, joué un rôle essentiel dans les écoles d'autrefois... »

Alors, plus° d'examens? Voici l'opinion d'un psychanalyste : « Je suis contre les notes° et les classements. Jusqu'à douze ans environ, l'émulation n'est pas nécessaire. À partir de cet âge,° elle peut être utile, mais à condition qu'elle n'écrase° pas les derniers.

unlucky
se plaindre complain

extracted

dans... within the

outdated / punishment

no more
grades
À... From this age on
crush

24

— À quoi pensez-vous, Mesdemoiselles?
— Au bachot, bien sûr!

L'idéal serait une sorte de match entre équipes° ou individus de force à peu près égale. » Cependant, s'il faut absolument conserver les notes, ce psychanalyste préfère le système des lettres (A, B, C, D, E) à celui des chiffres,° à condition — mais est-ce possible? — qu'elles n'aient pas de signification plus ou moins péjorative,° comme c'est le cas pour les chiffres, surtout « pour le zéro, qui a une valeur magique et qui pousse l'enfant à devenir faussaire° en mettant un 1 devant... »

teams

figures

disparaging, bad

forger

L'Exemple du bac

Il a connu bien des° transformations depuis sa naissance en 1808; des générations d'écoliers l'ont préparé avec fièvre; d'innombrables parents ont averti° leurs enfants : « Si tu échoues,° pas de vacances cette année! » Il s'agit bien sûr du baccalauréat, ou bac, ou bachot, ce symbole de l'examen français.

Et pourtant il semble bien que, tôt ou tard, le bac soit condamné. Ses adversaires basent leur réquisitoire° sur deux sortes d'arguments :

(1) Le bac est injuste. Une enquête° déjà ancienne, faite par la branche française de la commission Carnégie, semble leur donner raison.° La commission a comparé les notes données par plusieurs examinateurs à la même copie° de bac. Des expériences° répétées ont montré que les écarts° étaient considérables. Pour obtenir une « note juste », on a donc calculé qu'il faudrait 78 examinateurs pour une composition française, 28 pour un devoir d'anglais, 13 pour un devoir de mathématiques, et ... 127 pour une dissertation de philosophie. Henri Piéron, l'inventeur du terme de « docimologie » (étude critique et expérimentale des examens et des concours°), conclut : « Pour prédire° la note d'un candidat, il vaut mieux° connaître son examinateur que lui-même. »

(2) Le statut° du bac est ambigu : il est à la fois un certificat d'études secondaires et un passeport pour l'entrée dans l'enseignement supérieur. Son rôle est donc double : démontrer l'acquisition de connaissances suffisantes à la fin des études secondaires, et aussi déterminer l'aptitude à bénéficier de l'enseignement supérieur. Il s'agit là de deux choses très différentes.

bien des   many

warned

flunk

charges

survey

leur...   validate their contention
test paper
experiments / differences

competitive examinations /
  predict
il...   it's more useful

status

Alors, quelle solution adopter?

Pour ce qui est de° l'enseignement secondaire, une majorité d'élèves et de parents semblent vouloir remplacer le bac par un contrôle° continu des connaissances en terminale° et même, disent certains, tout au long de la scolarité.°

Quant à l'accès à l'université, il dépendrait de formules bien connues à l'étranger, en particulier aux États-Unis, mais inédites° en France : examen spécial d'entrée, examen du dossier scolaire,° tests, entretiens,° etc. Mais cette solution présente une énorme difficulté psychologique : en France, le mot de « sélection » déclenche° un réflexe de nature politique, car les Français n'admettent pas que l'on puisse[5] à priori dénier à quelqu'un le droit de s'instruire.

Le bac est malade, c'est vrai, mais il n'est pas facile à tuer...

Adapté d'articles de Michel Bosquet, Mariella Righini, Anne-Marie de Vilaine, *Le Nouvel Observateur;* Gérard Bonnot, *L'Express;* Jacques Duquesne et J. Bouzerand, *Le Point.*

Pour... As for

testing / **en terminale** in the last year
tout... throughout all the years spent in school

unprecedented

dossier scolaire scholastic record
interviews

produces

Trois sujets de philosophie récemment proposés aux candidats bacheliers[6] :

(1) Qu'est-ce qu'un homme libre?
(2) Détenir° une autorité, est-ce seulement posséder une puissance°?
(3) Un mal° peut-il jamais être la condition d'un bien?

possess

power

evil

---

[5] subjonctif de *pouvoir*
[6] ceux qui vont passer (*take*) le bac

EXERÇONS-NOUS

LE GROUPE DU NOM

I Quelques Déterminants au pluriel

Tous les étudiants sont brillants.	{ *All students are brilliant.* { *All the students are brilliant.*
Tous { mes { les autres étudiants sont brillants. { ces	*All* { *my* { *the other students are brilliant.* { *these*
Certains étudiants sont brillants. Certains des étudiants sont brillants. Certains de mes étudiants sont brillants.	*Some students are brilliant.* *Some of the students are brilliant.* *Some of my students are brilliant.*
Quelques étudiants sont brillants. Ces quelques étudiants sont brillants. Quelques-uns des étudiants son brillants. Quelques-uns de mes étudiants sont brillants.	*A few students are brilliant.* *These few students are brilliant.* *A few* } *of the students are brilliant.* *Some* } *A few* } *of my students are brilliant.* *Some* }
Trente étudiants sont brillants. Les trente étudiants sont brillants. Trente des étudiants sont brillants.	*Thirty students are brilliant.* *The thirty students are brilliant (all thirty that we're talking about).* *Thirty of the students are brilliant (thirty out of some forty we're talking about).*

REMARQUEZ — *Les, mes, certains des, quelques-uns de mes,* etc., s'appellent des *déterminants*. Leur fonction : ils nous donnent tous des renseignements plus complets sur le mot *étudiants*.
  • Étudiant est un *nom*.
  • { Les étudiants
 { Certains des étudiants } sont des *groupes du nom*.

— Tous ces déterminants précèdent le nom.

— L'ordre des mots correspond à l'usage en anglais.

— Le verbe est au pluriel.

— Après *tous*, il faut employer un autre déterminant (*les, mes, ces*) : *all pupils* = tous les élèves.

EXERCICE Faites huit phrases complètes. Pour chaque phrase, choisissez dans la colonne de droite le groupe de mots qui vous semble approprié.

MODÈLE : Tous   élèves refusent de travailler

Tous les élèves refusent de travailler.
ou **Tous mes élèves refusent de travailler.**

Certains de   journaux sont excellents

Certains des journaux sont excellents.
ou **Certains de ces journaux sont excellents.**

1. Quelques	systèmes de contrôle sont injustes.
2. Ces quatre	examens me semblent arbitraires.
3. Tous	parents veulent remplacer le bac.
4. Certains de	touristes voyagent avec un transistor.
5. Certains	étudiants renoncent à l'esprit de compétition.
6. Ces quelques	enfants sont des prisonniers.
7. Trois de	psychanalystes sont contre les notes.
8. Quelques-uns	professeurs deviennent des gardiens de l'ordre.
	auto-stoppeurs respectent les trois règles.
	voyages élargissent l'esprit.

II Deux Déterminants au singulier

Chaque étudiant est brillant.	*Each student is brilliant.*
Chacun $\begin{cases}\text{des} \\ \text{de ces}\end{cases}$ étudiants est brillant.	*Each of $\begin{cases}\text{the} \\ \text{these}\end{cases}$ students is brilliant.*
Tout l'examen est difficile.	*The whole test is hard.*
Tout un examen en français, c'est difficile!	*A whole test in French — that's hard!*
Tout examen est difficile.	$\left.\begin{array}{l}\textit{Every} \\ \textit{Any}\end{array}\right\}$ *test is hard.*

— Tous ces déterminants précèdent le nom.

— Le verbe est au singulier.

— L'ordre des mots ne correspond pas toujours à l'anglais :
  • *the whole test* = tout l'examen
  • *a whole test* = tout un examen

— *tout examen* : c'est le seul cas où *tout* n'est pas suivi d'un autre déterminant.

EXERCICE   Complétez les phrases suivantes.

MODÈLE :   Tout professeur français...

Tout professeur français est un gardien de l'ordre.
ou **Tout professeur français veut imposer le silence à ses élèves.**

1. Tout étudiant américain est...
2. Chaque étudiant américain qui arrive en France...
3. Chacun des systèmes d'examen...
4. Toute une société en évolution...
5. Toute ma génération...
6. Toute mon expérience prouve que...
7. Tout travail difficile...
8. Chacun de ces livres...

III   Le, un, du

A

> L'école n'est pas toujours agréable.
> On a laissé **la** discipline se relâcher.
> **Les** examens ne révèlent pas toujours **le** savoir.
> Un professeur est entré. **Le** professeur était vieux.
> **Le** mari de Nicole s'appelle Jean-Louis.

REMARQUEZ   — Nous connaissons ces personnes ou ces choses :
  • par l'expérience commune : *l'*école, *la* discipline, *les* examens, *le* savoir (tous les noms abstraits et tous les noms pris dans un sens général : l'histoire, la religion, la science, la télévision, l'argent, les jeunes, les professeurs, etc.).
  • parce qu'on nous en a déjà parlé : *le* professeur.
  • parce que d'autres mots (Nicole, Jean-Louis) nous donnent des précisions (*detailed information*) sur elles : *le* mari.

— *Le, la, les* sont des articles *définis*.

— Devant un nom abstrait ou un nom pris dans un sens général :
  • en français, l'article défini est *obligatoire :*
      J'aime *la* musique.
      *L'*auto-stop est facile.
      Les notes sont arbitraires.
  • en anglais, on ne met pas d'article :
      I like music.
      Hitchhiking is easy.
      Grades are arbitrary.

B

> **Un** monsieur est entré.
> J'entends **une** voiture.
> **Des** arbres sont tombés.
> Je vois **des** femmes.

REMARQUEZ

— Nous ne connaissons pas ces personnes et ces choses; nous ne savons rien d'elles.

— Nous savons seulement qu'elles existent parmi d'autres (*among others*) et qu'elles sont une partie d'un tout (*a whole*) qu'on peut compter.

— *Un, une, des* sont des articles *indéfinis.*

C

> 1. Nicole mange **le** fromage et **la** confiture (*jam*).
> 2. Nicole mange **du** fromage et **de la** confiture.
> 3. Nicole mange **les** épinards (*spinach*).
> 4. Nicole mange **des** épinards.

REMARQUEZ

— Dans les phrases 1 et 3, Nicole mange *tout* le fromage, *toute* la confiture, *tous* les épinards (ce mot est toujours pluriel en français), ou bien un fromage déterminé, une confiture déterminée (celle qui est sur la table), des épinards déterminés (ceux qu'elle a achetés).

— Dans les phrases 2 et 4, Nicole mange *une partie d'un tout* (fromage, confiture, épinards) qu'on peut partager (*share*) mais qu'on ne peut pas compter : *du, de la, des* sont des articles *partitifs.*

— L'article partitif
  • est obligatoire en français : Nicole mange *des* épinards.
  • est facultatif (*optional*) en anglais : *Nicole is eating spinach. Nicole is eating some spinach.*

EXERCICE Faites deux phrases avec chacun des mots suivants : une avec l'article défini, l'autre avec l'article indéfini ou l'article partitif. Attention aux mots au pluriel!

MODÈLE : journaux (*m pl*)
Les journaux français sont difficiles à lire.
Donnez-moi des journaux français.

vacances (*f pl*)	whisky (*m*)	connaissances (*f pl*)
argent (*m*)	bière (*f*)	haricots (*m pl*) (*beans*)
lunettes (*f pl*)	loi (*f*)	salade (*f*)
vin (*m*)	originalité (*f*)	examens (*m pl*)
courage (*m*)	prisonniers (*m pl*)	publicité (*f*)

UN PEU DE VOCABULAIRE

1. Le professeur passe vingt minutes à vérifier leurs connaissances.

    — *Vérifier quelque chose,* qu'est-ce que c'est?

    — Que veut dire *connaissances* (*f pl*)? Donnez un synonyme.

    — Et qu'est-ce que c'est qu'*assimiler des connaissances?*

2. Là se trouve sans doute la clé du malaise.

    — Que signifie *malaise?* Quel est son contraire (*opposite*)?

    — Alors, *trouver la clé d'un malaise,* qu'est-ce que c'est?

3. Ils n'ont plus le sentiment d'exister en tant que personnes, mais celui d'être de simples numéros.

    — Employez *avoir le sentiment de* dans une autre phrase.

    — Que veut dire *exister en tant que personnes?* Expliquez.

    — *Être de simples numéros :* exprimez cette idée d'une autre manière.

4. Comment le travail scolaire ne lui semblerait-il pas, en comparaison, abstrait, ennuyeux et sans objet?

    — Qu'est-ce que c'est qu'un *travail abstrait?* Expliquez.

    — Et un travail *sans objet?* Donnez un exemple.

    — Trouvez le contraire d'*abstrait,* d'*ennuyeux.* Et un synonyme de *sans objet.*

5. On refuse d'ajuster les programmes aux besoins d'une société en pleine évolution.

    — Donnez un synonyme d'*ajuster.*

— Qu'est-ce que c'est qu'une société *en pleine évolution?*

— Alors, si un bateau se trouve *en pleine mer,* où est-il?

— Et si on est *en plein air,* où est-on?

— Quand peut-on dire : « Nous sommes *en plein été* »?

6. Loin de révéler le savoir et la culture, les examens finissent par conditionner les jeunes gens au réflexe de la « bonne réponse, » au détriment de la spontanéité.

— Que veut dire *finir par faire quelque chose?* Dites cela d'une autre façon.

— *Conditionner quelqu'un,* qu'est-ce que c'est? Et un *réflexe conditionné?* Expliquez.

— Si on fait quelque chose *au détriment de la spontanéité,* de quelle façon le fait-on?

IMAGINONS / DISCUTONS

1. Le malaise des écoles : en quoi consiste-t-il? Comment le guérir (*cure*)?

— De quelles façons les professeurs se montrent-ils d'ordinaire des gardiens de l'ordre?

— Qu'est-ce que leurs élèves leur reprochent (*blame them for*) en France? Est-ce que c'est pareil (*similar*) au lycée américain? Expliquez.

— En France, quelles sont les réponses des professeurs à ces reproches?

— Qu'est-ce que c'est que l'école parallèle? Qu'est-ce qu'on y apprend?

— Est-ce que l'école parallèle existe aux États-Unis? Si oui, qu'est-ce que vous y avez appris? Est-ce que vous la préfériez aux classes de votre lycée? Pourquoi?

— Que pensent les professeurs français de l'école parallèle? Et quelle est la réplique des élèves?

— Dans vos classes à l'université, avez-vous quelquefois cette impression d'être un « simple numéro »? Comment éviter cela? Quelle méthode pouvez-vous suggérer à vos professeurs et à vos camarades?

IMAGES, pp. 20, 25

2. Faut-il supprimer les examens et les notes? Discutez le pour ou le contre.

Vocabulaire supplémentaire :

l'injustice (*f*), l'arbitraire (*m*), le réflexe de « la bonne réponse »,
la spontanéité, barbare, démodé, les lettres (*f*), les chiffres (*m*),
l'émulation (*f*), une signification péjorative, l'esprit (*m*) de compétition.

— Quelques points à considérer :
- à quoi les notes et les examens servent-ils?
- vérifient-ils vraiment les connaissances des étudiants?
- encouragent-ils l'assiduité, la discipline?
- est-ce qu'ils préparent les étudiants à la vie?
- un compromis est-il possible? faut-il les supprimer en partie?

SUJETS SUPPLÉMENTAIRES

IMAGE, p. 23

1. Il n'y a pas de légende (*caption*) à ce dessin. Essayez d'en inventer une. Pour vous aider : Qu'est-ce que le maître dit au petit garçon? Qu'est-ce que pense le maître? Etc.

IMAGE, p. 35

2. Regardez les quatre personnages-types de ce dessin. De gauche à droite, un ouvrier (*worker*), un ingénieur-chimiste, un patron (*boss*) et un représentant de commerce (*traveling salesman*) avec une valise. Êtes-vous d'accord avec le niveau (*level*) auquel le dessinateur les a placés? Discutez.

Est-ce que cette branche est solide?

—Et, après cette conversation que nous allons avoir, tu constateras que je suis, mon
petit Gérard, très proche de toi.

TU...
OU VOUS?

3

Pour vous, Américains, le tu *n'est pas facile à employer, d'abord parce que vous n'avez pas toujours l'habitude de la conjugaison du verbe avec* tu... *mais aussi parce que vous savez mal quand il faut l'employer. Réponse : de plus en plus, mais attention! Le* tu *peut avoir plusieurs connotations très différentes! (« Le Tu s'installe »). Le* tu *est familier, c'est vrai, mais est-ce que son emploi implique forcément[1] un manque[2] de respect? Peut-être pas. Au fait, le respect, qu'est-ce que c'est? (« Le Monde renversé »).*

---

[1] *necessarily*
[2] *lack*

Le Tu s'installe

Toute la France, bientôt, sera peut-être à tu et à toi.° C'est une mode,° c'est une invasion. Le *tu* est en train de gagner la guerre.[3] Pendant longtemps, on l'avait réservé à Dieu, aux poètes... et aux domestiques.° Mais ce n'était qu'une bataille perdue. Le *tu* vole° de révolution en révolution : établi dans les usages par celle de 1789, le « pronom personnel singulier de la deuxième personne », comme dit la grammaire, a continué à élargir son domaine pendant la « révolution étudiante » de 1968.[4]

Si la victoire était totale, ce serait au moins un avantage pour les Américains, souvent déconcertés par les passages du *tu* au *vous*. Pour l'instant, ils y perdent leur latin,° puisque le *vous* résiste encore à l'invasion. Avec, cependant, de moins en moins de conviction : « Chaque fois que je quitte la France, raconte un professeur américain, je suis obligé d'inscrire dans une colonne d'un petit carnet° les noms de ceux que j'ai tutoyés[5] et dans une autre colonne les noms de ceux que j'ai vouvoyés.[6] Ainsi, je suis à peu près sûr de ne pas « gaffer »° à mon retour. Malheureusement, d'un voyage à l'autre, je dois opérer des transferts. »°

à tu... saying *tu*
fashion

servants / flies

ils... they are confused

notebook

blunder, make a faux pas
je... I have to do some switching

---

[3] Remarquez les images de guerre dans tout le texte.
[4] En 1968, les étudiants ont occupé les universités; après 1968, le statut (*regulations*) des universités a été profondément modifié.
[5] tutoyer : dire tu à quelqu'un
[6] vouvoyer : dire vous à quelqu'un

— Tu crois qu'ils vont laisser gagner le prof?

Vive le tu!

Pourtant,° tout n'est pas aussi complexe et arbitraire qu'on le pense parfois. Jean Dubois, professeur de linguistique, indique un critère très simple : « Fondamentalement, le tutoiement signifie l'appartenance° au même groupe. » Si cela n'est pas le cas, le tutoiement devient péjoratif.

Exemple classique : deux camionneurs° se tutoient (appartenance au même groupe); un camionneur vouvoie le plus souvent le conducteur de voiture particulière° à qui il demande sa route (ils n'appartiennent pas à la même catégorie sociale); mais si le même conducteur le gêne dans sa manoeuvre,° notre

However

membership

truck drivers

private

le gêne... obstructs his driving

camionneur le tutoiera (tutoiement péjoratif). Il arrive d'ailleurs que le groupe s'étende[7] à toute une classe sociale : on se tutoie entre ouvriers.° Ou à une classe d'âge : « Quel âge avez-vous, mademoiselle? » demande l'organisateur d'un jeu radiophonique à l'auditrice° qui téléphone. — « Dix-sept ans. » — « Bon, alors on peut se tutoyer! »

Car c'est une affaire de génération. Les premières victoires du *tu* ont pris place dans des groupes de jeunes à la recherche° d'une fraternité dans un monde industriel glacé° et anonyme. Le tutoiement a été ainsi l'une des clés du succès de « Salut les Copains »,° la célèbre émission° d'Europe n° 1. Il est maintenant spontané partout où se rencontrent des jeunes. Mais aussi dans les clubs de vacances : « Au Club Méditerranée, raconte un animateur,° il est indispensable. Les seules réticences que nous ayons rencontrées proviennent° d'un trop grand écart° d'âge. »

On comprend alors pourquoi le *tu* a fait l'objet d'une véritable promotion : il n'est plus seulement considéré comme un signe de reconnaissance° et d'appartenance au groupe, mais comme un moyen° de créer une solidarité.

À bas° le tu!

Le tutoiement sert ainsi° à chaque Français à définir son « espace social », dira le sociologue Alain Laurent. Mais n'est-ce pas un peu dangereux? Car la conséquence peut s'exprimer ainsi : hors° de cet « espace », pas de salut!° Loin de rapprocher° les individus, le *tu* devient alors le symbole même° de la séparation entre les classes sociales. C'est pourquoi il est parfois mis en accusation. Ses ennemis ne manquent pas d'arguments :

Le *tu* est paternaliste : « C'est toujours le supérieur social qui prend l'initiative de la familiarité », constate° Delphine. « Il fait comprendre à quelqu'un° qu'il peut le tutoyer, mais le fait de changer un signe extérieur ne transforme pas le contenu. » Et le psychanalyste Jacques Sedat : « Vouloir faire disparaître les

---

[7] Il arrive d'ailleurs que le groupe s'étende... : *Moreover, the group may extend . . . :*

workers

listener

à... in search of
cold

« Salut... » "Hi, buddies!" program

group leader
arise / difference

recognition

means

À bas Down with

thus

outside / safety /
 bringing together
le... the very symbol

observes

Il... He lets someone know

40

distances entre deux personnes n'est pas nécessairement un processus de libéralisation. »

D'autres résistent à l'invasion du *tu* pour des raisons plus personnelles : « C'est vraiment superficiel », dit une secrétaire de vingt-cinq ans. Et Raymond, trente ans, photographe : « Je suis choqué si on me tutoie tout de suite : je ressens° cela comme une agression. En même temps, le vouvoiement m'est intolérable lorsqu'il s'agit de deux personnes qui se connaissent très bien. Car alors, j'ai le sentiment de quelque chose de très artificiel. »

react to

Adapté d'un article de Dominique de Montvalon, *Le Point.*

Je dis tu à tous ceux que j'aime...

Jacques Prévert, « Barbara »

Le Monde renversé°

turned upside down

Je me trouvais un soir dans une ville de province où j'ai vécu° une partie de ma jeunesse. Comme j'avais deux heures à perdre avant de prendre mon train, je suis entrée dans un café que je savais assez tranquille, avec l'idée que je pourrais y travailler un peu. À ma surprise, l'endroit était plein d'étudiants. Tant pis!° Ou plutôt tant mieux!° Il était amusant de se retrouver parmi° les

lived

Tant pis! Can't be helped! **tant mieux!** so much the better! / among étudiants dans une ville où je l'avais été.[8] Je les regardais, j'écrivais, j'écrivais, je les regardais. À travers° eux, je cherchais ma jeunesse, et je me demandais en quoi elle différait de la leur.°

La table voisine de° la mienne était occupée par deux garçons et une fille sympathiques. J'avais envie de causer° avec eux, mais je n'osais pas.° C'est le plus jeune des garçons, barbu° et chevelu,° qui m'a tout simplement demandé :

— Excusez-moi, Madame, est-ce que ce sont des notes° pour vous que vous écrivez là, ou bien est-ce un travail que vous faites? C'est rare de voir une dame écrire dans un café.

Nous avons donc causé. Malheureusement de moi surtout car, au moment où j'allais à mon tour questionner (Comment les choses allaient-elles sur le campus qui, de mon temps, n'existait pas? Certains de mes professeurs y enseignaient encore, alors, qu'en pensait-on?), un de mes amis est passé par là et s'est assis à ma table.

— Vous les connaissez, ces gamins?°

— Non, j'étais en train d'écrire, ils m'ont demandé ce que je faisais.

— Vraiment, ils se croient tout permis,° les jeunes!

— Ils ont dû sentir° que j'avais envie de parler.

— Pensez-vous!° Ils voulaient savoir ce que vous écriviez, c'est tout.

— Eh bien, je trouve ça très gentil!

— Alors, vous êtes pour le dialogue, n'importe° où, avec n'importe qui?

— Euh!... Dans un café, en tout cas, pourquoi pas?

— Vous auriez osé leur parler, vous?

— Non, justement,° je n'osais pas...

— C'est le monde renversé! Il faut que les grandes personnes réapprennent° à garder leurs distances!

La table voisine s'était éloignée de° la nôtre, par la seule° présence de cet adulte. En partant, les étudiants m'ont fait un petit salut très discret.° J'ai répondu par un grand sourire, pour me faire pardonner de les avoir quittés si brusquement.

---

[8] où j'avais été étudiante

À travers Through
de... from theirs
voisine de next to
J'avais... I wanted to chat
je... I didn't dare / bearded
long-haired
notes

kids

se... think they get away with anything
ont... must have sensed
You're kidding!

no matter

that's just it

learn again
s'était... had become estranged from / mere
m'ont... waved at me discreetly

— Grand-mère, tu es formidable (*terrific*)!

Le respect, qu'est-ce que c'est?
Le respect est moins dans les formes que dans une considération réelle pour les autres, vieux ou jeunes, puissants ou faibles. Les gens peuvent avoir besoin de causer, ils peuvent aussi avoir besoin qu'on les laisse tranquilles! La communication est une chose; il n'est peut-être pas mauvais de rappeler que la solitude en est une autre, et non moins important. À tout âge!

Adapté d'un article d'Andrée Martinerie, *Elle*.

EXERÇONS-NOUS

LE GROUPE DU NOM : LES PRONOMS

Les pronoms sont des mots que l'on substitue à un groupe du nom. Leur fonction est exactement la même que celle du groupe du nom. Ils peuvent donc (*therefore*) être sujets, objets directs ou objets indirects.

▎ Le Pronom sujet

A   Comment renforcer le pronom sujet

1. Je 2. Moi, je 3. C'est moi qui	{ regarde Jacques. { téléphone à Pierre.
1. Tu 2. Toi, tu 3. C'est toi qui	{ regardes Jacques. { téléphones à Pierre.
1. Il 2. Lui, il 3. C'est lui qui 1. Elle 2. Elle, elle 3. C'est elle qui	{ regarde Jacques. { téléphone à Pierre.
1. Nous 2. Nous, nous 3. C'est nous qui	{ regardons Jacques. { téléphonons à Pierre.
1. Vous 2. Vous, vous 3. C'est vous qui	{ regardez Jacques. { téléphonez à Pierre.
1. Ils 2. Eux, ils 3. C'est eux qui 1. Elles 2. Elles, elles 3. C'est elles qui	{ regardent Jacques. { téléphonent à Pierre.

REMARQUEZ — Les formes 2 et 3 permettent d'insister sur le sujet. Elles sont très employées dans la conversation, surtout pour marquer une opposition :
  • *Toi, tu* vas en France, mais *moi, je* reste à New York.
— La forme 2 est spécialement facile à employer dans le cas de *elle, nous, vous, elles.* Regardez le tableau, vous comprendrez pourquoi.
— La forme 2 est très souple (*flexible*). Elle peut avoir plusieurs variantes :
  • Greg, *lui*, connaît Jacques.
  • *Il* connaît Brigitte, *lui*. Mais Nicole, *elle*, ne la connaît pas.
— *Je, tu, nous, vous* désignent toujours des personnes. *Il, lui, elle, il, eux, elles* désignent quelquefois des personnes et quelquefois des choses :
  • Le vouvoiement est la forme courante, mais *le tutoiement, lui,* est très habituel chez les jeunes.

EXERCICE Sur le modèle suivant, faites huit phrases complètes (deux pour chaque numéro de la colonne de gauche), en vous servant des groupes de mots qui conviennent le mieux (*fit best*) dans la colonne de droite.

MODÈLE : tu   connaître la Chine
    Toi, tu connais la Chine?
    C'est toi qui connais la Chine?

1. je	raconter le voyage
2. il	tutoyer facilement
3. vous	indiquer la route
4. ils	parler chinois
	aimer l'auto-stop
	refuser de passer le bac

B **Comment préciser le pronom sujet**

| Toi et moi,
Hélène et moi,
Elle et moi,
Nicole, Jacques et moi, | **nous** avons le même âge. |
| Jacques et toi,
Lui et toi,
Hélène et vous,
Jacques, Pierre et vous, | **vous** êtes amis, n'est-ce pas? |

— *Nous avons le même âge* n'est pas assez précis. Qui est *nous?* On ne sait pas. Au contraire, « *Toi et moi, nous* avons le même âge, » est parfaitement clair.

EXERCICE Sur le modèle suivant, faites huit phrases complètes, en vous servant des groupes de mots qui conviennent le mieux dans la colonne de droite.

MODÈLE : Nous pourrons   s'exprimer librement
Toi et moi, nous pourrons nous exprimer librement.
ou **Éric et moi, nous pourrons nous exprimer librement.**

1. Nous pourrons
2. Nous avons envie de
3. Nous voulions
4. Vous avez besoin de
5. Vous souhaitez
6. Vous refusez de
7. Nous avons l'habitude de
8. Vous n'oublierez pas de

se tutoyer
causer un peu
faire de l'auto-stop ensemble
visiter l'Afghanistan à cheval
découvrir de nouvelles cultures
remettre en cause toutes les idées reçues
respecter les règles
se plaindre des examens
se vouvoyer

C Le Pronom on

La langue familière remplace très souvent *nous* par *on*.

> **On** est allés au cinéma.
> **On** est contents.

REMARQUEZ — *On* est toujours sujet du verbe.
— *On* s'applique à des personnes, jamais à des choses.
— Le verbe reste toujours au singulier : *est*.
— Les mots *allés* (participe passé) et *contents* (adjectif) sont en général au pluriel.

EXERCICE Répondez aux questions suivantes en employant *on*.

MODÈLE : À qui allez-vous téléphoner?
On va téléphoner à Jacqueline.

1. Que ferons-nous ce soir?
2. Qu'est-ce que vous avez fait l'année passée?
3. Alors, nous allons supprimer les examens?
4. Quelle est votre réaction à ce terrible scandale?
5. Nous avions trouvé la clé du malaise, n'est-ce pas?

II Le Pronom objet (direct et indirect)

A L'Ordre des pronoms objets

1	2	3	4	5
me (m') te (t') se (s') nous vous	le (l') la (l') les	lui leur	y	en

REMARQUEZ — Ce tableau s'applique dans tous les cas, sauf quand le verbe est à l'impératif affirmatif (voir chapitre 9). Exemples :
- Il *me les* donne.
- Je *les leur* donne.
- Je *lui en* donne.
- Je *vous y* ai vu.

— Dans la colonne 1, l'objet direct et l'objet indirect ont la même forme :
- Il *me* choque. (= *me,* objet direct)
- Il *me* donne de l'argent. (= *to me,* objet indirect)

— Dans la colonne 2, les trois pronoms sont des objets directs :
- Il *l'*aime. (Attention : l' = *him, her, or it*)

— Dans la colonne 3, les deux pronoms sont des objets indirects :
- Il *leur* donne de l'argent. (= *to them*)
- Attention : pas de *s* à *leur.*

— Comparez les deux phrases:
- { Il donne de l'argent *à Pierre.*
{ Il *lui* donne de l'argent.
- Avec un nom (Pierre), l'objet indirect exige (*requires*) la préposition *à;* avec un pronom (lui), pas de préposition.

EXERCICES 1. Répondez aux questions en employant un pronom objet direct. Ensuite, justifiez-vous en répondant à la question « Pourquoi? » ou « Pourquoi pas? »

MODÈLE : Est-ce que vous m'écoutez?
Oui, je vous écoute. Pourquoi? **Vous êtes intelligent.** ou **Non, je ne vous écoute pas.** Pourquoi pas? **Je n'ai pas le temps.**

1. Est-ce que vous respectez les règles?
2. Cet automobiliste m'a-t-il remarqué?
3. Est-ce que vos professeurs vous connaissent personnellement?
4. En général, trouvez-vous vos professeurs sympathiques?
5. Aimez-vous vraiment le risque?
6. Vous lisez souvent les journaux?

2. Répondez aux questions en employant un pronom objet indirect. Ensuite, expliquez votre réponse.

MODÈLE : Vous téléphonez souvent au président des États-Unis?

Oui, je lui téléphone souvent. Pourquoi? Il a besoin de moi. ou Non, je ne lui téléphone pas souvent. Pourquoi pas? Je n'ai pas son numéro.

1. Est-ce que vous répondez à un étranger (*stranger*) quand il vous parle?
2. Avez-vous parlé librement à vos professeurs?
3. Est-ce que cette chanson vous plaît?
4. Est-ce qu'il vous arrive (*happen*) quelquefois de mentir (*lie*) à vos amis?
5. Ces manifestants (*demonstrators*) ont-ils résisté aux gendarmes?
6. Est-ce qu'il faut obéir aux gardiens de l'ordre?

3. Répondez aux questions en employant un pronom objet direct et un pronom objet indirect. Ensuite, expliquez.

MODÈLE : Est-ce que vous avez rendu son livre à votre ami?

Oui, je le lui ai rendu. Pourquoi? Il me l'a demandé.
ou Non, je ne le lui ai pas rendu. Pourquoi pas? Je ne l'ai pas fini.

1. Est-ce que vous dites toujours la vérité à vos parents?
2. Vous me prenez mon argent?
3. Est-ce que vous avez déjà demandé à l'agence de voyage (*travel agency*) le prix d'un voyage pour Paris?
4. Vous me payez mon travail, n'est-ce pas?
5. Est-ce que vous reprochez quelquefois leur sévérité à vos parents?
6. Est-ce que vous réservez le tutoiement à vos amis français?

B Le

1. Saviez-vous que la France était plus petite que les États-Unis? — Bien sûr, je **le** savais.
2. J'ai eu une mauvaise note en classe, mais je ne vais pas **le** dire à mes parents.
3. Le travail scolaire est-il ennuyeux? — Hélas oui, il **l'**est.

REMARQUEZ — Dans les phrases 1 et 2, *le* remplace tout un groupe de mots : le fait que la France est plus petite que les États-Unis; le fait que j'ai eu une mauvaise note en classe.

— Avec le verbe *être*, *le* remplace souvent un adjectif : ennuyeux (phrase 3).

EXERCICE Répondez aux questions en employant le pronom *le*.

MODÈLE : Savez-vous quand Napoléon est mort?
Oui, je le sais. ou Non, je ne le sais pas.
Étiez-vous content?
Oui, je l'étais. ou Non, je ne l'étais pas.

1. Vous avez oublié combien d'habitants il y a en France?
2. Le *tu* est-il parfois péjoratif?
3. On dira que c'est une affaire de génération, n'est-ce pas?
4. Elle vous a demandé si vous partiez?
5. Avez-vous remarqué que j'étais en train d'écrire?
6. Acceptez-vous d'être éloigné (*far away*) de vos parents?
7. Est-ce qu'ils vous ont dit pourquoi ils voyageaient?
8. Vous étiez contre les notes, alors?

III Le Pronom avec une préposition

A

FORME LONGUE	FORME COURTE (*shorter form*)
J'habite **avec** mon frère.	J'habite **avec** lui.
Vous habitez **chez** vos parents?	Vous habitez **chez** eux?
Aujourd'hui, je sors **sans** ma femme.	Aujourd'hui, je sors **sans** elle.

EXERCICE Répondez aux questions suivantes en employant la forme courte.

MODÈLE : Tu habites avec ton frère?
Oui, j'habite avec lui. ou Non, je n'habite pas avec lui.

1. Tu voyageais toujours avec ton amie Suzanne?
2. Est-ce que tu travailles quelquefois pour tes parents?
3. Est-ce qu'il est dangereux de voyager à l'étranger (*abroad*) sans passeport (*m*)?
4. À votre avis, est-ce qu'un jeune couple doit habiter chez ses beaux-parents (*in-laws*), ou est-ce qu'il doit habiter seul?
5. Pourrons-nous compter sur nos camarades?
6. Est-ce que vous êtes arrivé après moi?

B

FORME LONGUE	FORME COURTE
J'ai besoin { **de** mes amis. **de** mes livres.	J'ai besoin **d'**eux. (J'**en** ai besoin.) J'**en** ai besoin.
Je parle { **de** ma soeur. **de** mon travail.	Je parle **d'**elle. (J'**en** parle.) J'**en** parle.
Que pensez-vous { **de** Nicole? **de** ce livre?	Que pensez-vous **d'**elle? (Qu'**en** pensez-vous?) Qu'**en** pensez-vous?
Je pense souvent { **à** Nicole. **à** mes vacances.	Je pense souvent **à** elle. (J'**y** pense souvent.) J'**y** pense souvent.

REMARQUEZ   — La préposition *de*, et quelquefois *à*, posent un problème particulier.

de

— { Je parle *de ma soeur* (personne). → Je parle *d'elle*.
 { Je parle *de mon travail* (chose). → J'*en* parle.

— Cette distinction se fait quand on écrit, mais, dans la conversation, les Français utilisent presque toujours *en*.

à

— { Je pense souvent *à Nicole* (personne). → Je pense souvent *à elle*.
 { Je pense souvent *à mes vacances* (chose). → J'*y* pense souvent.

— Parmi les verbes qui prennent l'objet indirect, le verbe *penser* fait exception :
  • S'il a pour objet indirect une personne, il prend *à* + le pronom : Je pense *à eux*.
  • Presque tous les autres verbes prennent l'objet indirect devant le verbe : Je *leur* obéis. Je *lui* parle.

— Cette distinction se fait aussi quand on écrit, mais, dans la conversation, les Français utilisent presque toujours *y*.

— Attention :
  • penser à = *think of, think about*
  • Que pensez-vous de = *What do you think of . . . ?* (on demande une opinion)

EXERCICES 1. Mettez les questions suivantes à la forme courte. Donnez deux formes chaque fois que c'est possible.

MODÈLE : Tu pensais à ta jeunesse?
Tu y pensais? (une seule forme possible)

1. Vous pensez quelquefois à la révolution?
2. Est-ce que Jacqueline pensait toujours à ce garçon chevelu?
3. Qu'est-ce que vous pensez de votre professeur de français?
4. Voulez-vous me parler de votre camarade préféré(e)?
5. Est-ce que vous avez jamais parlé au pape (*the Pope*)?
6. Tu penses souvent à ton prochain voyage en Europe?
7. Aurez-vous besoin de vos lunettes?
8. Les vieux ont-ils peur des jeunes?
9. Parlait-il de la guerre?

2. Posez des questions en combinant les mots *Que pensez-vous* avec huit des expressions dans la colonne de droite. Refaites chaque question à la forme courte, puis répondez en employant les mots *je pense que* ou *je crois que* avec un adjectif.

MODÈLE : Que pensez-vous   Hitler
Que pensez-vous de Hitler?
Que pensez-vous de lui? ou **Qu'en pensez-vous?**
Je crois qu'il était fou (*crazy*).

Que pensez-vous
vos amis
vos professeurs
les hommes
les femmes
le président
le terrorisme
les théories (*f pl*) d'Einstein
les peintures (*f pl*) de Picasso
Marie-Antoinette
le fascisme
la Chine
la démocratie
la jeunesse actuelle
la langue française
votre camarade de chambre
le bachot
Napoléon
la *pop music*

UN PEU DE VOCABULAIRE

1. Les premières victoires du *tu* ont pris place dans des groupes de jeunes à la recherche d'une fraternité dans un monde industriel glaçé et anonyme.

    — Qu'est-ce que c'est qu'être *à la recherche d'une fraternité*? Exprimez cette idée d'une autre façon.

    — Que signifie ici *fraternité*? Expliquez.

    — Qu'est-ce que c'est qu'un *monde glaçé*? Un *monde anonyme*?

2. Le *tu* n'est plus seulement considéré comme un signe de reconnaissance et d'appartenance au groupe, mais comme un moyen de créer une solidarité.

    — Qu'est-ce que c'est qu'*appartenir à un groupe*? Dites-le d'une autre façon.

    — Donnez la définition d'un *moyen*. Citez des exemples.

    — Comme adjectif, ce mot a d'autres sens. Que signifie *la classe moyenne, le Moyen Âge*? Et *l'homme moyen*, ou *la température moyenne* d'une région? Quelle idée commune trouvez-vous dans tous ces sens?

3. Loin de rapprocher les individus, le *tu* devient alors le symbole même de la séparation entre les classes sociales.

    — Si on veut *rapprocher les individus*, qu'est-ce que cela veut dire? S'il y a *un rapprochement* entre deux pays — la France et l'Allemagne, ou l'Amérique et la Chine — qu'est-ce qui se passe?

    — Le contraire de *rapprocher*, c'est le verbe *éloigner*. Que signifie ce verbe? Employez *éloigner* dans une phrase.

    — Considérez cette phrase : *Le tu devient le symbole même de la séparation.* Et celles-ci : *C'est la vérité même! Elle est l'innocence même.* Comment l'adjectif *même*, placé *après* un nom, modifie-t-il le sens de la phrase?

4. L'endroit était plein d'étudiants. Tant pis! Ou plutôt tant mieux!

— Donnez un synonyme de *l'endroit.*

— Quel sentiment *tant pis* exprime-t-il ici? Et *tant mieux?*

— Quelle idée *plutôt* exprime-t-il? Comparez : *Ceci plutôt que cela. Ne téléphonez pas — venez plutôt!* (Mais attention : Que veut dire *plus tôt,* écrit en deux mots?)

5. Ils ont dû sentir que j'avais envie de parler.

— *Ils ont dû sentir* : exprimez cette idée d'une autre façon. On trouve ici le passé composé de quel verbe? Employez le passé composé de ce verbe dans une autre phrase.

— Donnez au moins deux synonymes d'*avoir envie de.*

6. Alors, vous êtes pour le dialogue, n'importe où, avec n'importe qui?

— Quelle différence voyez-vous entre *partout* (*everywhere*) et *n'importe où?* Et entre *avec tout le monde* et *avec n'importe qui?*

— Employez *n'importe* dans une phrase avec *quoi,* puis avec *quand,* puis avec *comment.*

IMAGINONS / DISCUTONS

IMAGE, p. 36

1. La légende de ce dessin est évidemment pleine d'ironie. Qu'est-ce que ces deux hommes, le père et le fils, ont en commun? Qu'est-ce qui les sépare? Expliquez en décrivant les deux personnages, et la façon dont celui qui parle s'exprime.

   Vocabulaire supplémentaire :
   complet (*suit*), une chemise rayée (*striped*), une chemise fantaisie,
   chevelu, barbu, l'air dégagé (*offhand, casual*), condescendant,
   soigné (*well-groomed*), élégant, rasé de près (*smooth-shaven*).

2. Le *tu* n'existe pas en anglais. Existe-t-il, dans cette langue, des moyens indirects de le remplacer?

   — Comment indique-t-on l'appartenance au même groupe en anglais? Entre étudiants, par exemple? entre professeurs? entre ouvriers? entre enfants du même âge?

   — Comment peut-on remplacer le tutoiement péjoratif en anglais? Par la langue? le ton? les gestes? autrement?

   — Et le *tu* qui crée une solidarité, de quelle façon peut-on le remplacer?

— T'as[9] jamais appris à conduire, toi!

3. Racontez une petite histoire à deux personnages — un automobiliste et un camionneur — se terminant par : « T'as jamais appris à conduire, toi! »

Vocabulaire supplémentaire :
    circulation intense (*heavy traffic*), voiture particulière,
    un feu rouge (*red light*), entrer en collision, se fâcher (*get angry*),
    faire attention à, la négligence, blessé (*injured*), insulter.

---

[9] forme familière de « Tu n'as... »

SUJETS SUPPLÉMENTAIRES

> **IMAGE, p. 39**

1. Les rapports entre étudiants et professeurs : en France, certains étudiants tutoient leurs professeurs depuis la « révolution étudiante » de 1968. Ce rapprochement vous semble-t-il fructueux (*fruitful*)? Existe-t-il aux États-Unis? Est-ce que vous connaissez vos professeurs? Est-ce qu'ils vous connaissent, vous? Préférez-vous qu'ils gardent leurs distances ou non? Pourquoi?

2. Est-il vraiment possible de comprendre quelqu'un appartenant à une classe d'âge très différente de la vôtre? Avez-vous des exemples personnels? Racontez.

3. Quel « couple » a le plus de choses en commun, à votre avis : un Américain de vingt ans et un Américain de quarante ans, ou bien un Américain et un Français qui ont tous les deux vingt ans? Pourquoi? Expliquez.

Si tant d'écoles ne sont pas adaptées aux enfants, c'est peut-être parce qu'elles ont été construites par des hommes...

LES FRANÇAISES

4

Aux États-Unis, on l'appelle Women's Liberation, *en France M.L.F. (Mouvement de Libération des Femmes). Il est certainement beaucoup trop tôt pour mesurer le progrès de ces mouvements. Dans vingt ans peut-être... Cependant, l'aspect qui, en France, semble le plus important à beaucoup de femmes : les inégalités de toutes sortes entre travail masculin et travail féminin (« Dommage que vous soyez une femme! »). Mais « Qu'en pensent les hommes? » Leur opinion sur le sujet est parfois inattendue[1]...*

---

[1] *unexpected*

Dommage° que vous soyez une femme!

Too bad

« **D**ésolé,° Mademoiselle, mais nous n'avons pas pu retenir votre candidature° pour ce poste... » Et naïvement, le chef du personnel a ajouté,° comme pour lui-même : « Dommage que vous soyez une femme! »

Sorry
retenir... accept your application
added

C'est ce que raconte Corinne, diplômée° de Sciences Po.[2] Anne a eu plus de chance;° elle a trouvé du travail, elle.

graduate
luck

« Je suis assistante de publicité, mais mon supérieur a toujours considéré mon poste comme celui d'une secrétaire et n'a jamais accepté de me donner de véritables responsabilités. Des assistants masculins ont été engagés° avec des salaires de début de 300 à 500 francs supérieurs au mien. »

hired

Et pourtant,° la constitution française l'affirme, une loi de 1972 le confirme, la femme est l'égale de l'homme : « À travail égal, salaire égal. » Alors?

yet

Alors, toute la difficulté vient de quatre petits mots contenus dans la loi : salaire égal pour un travail égal *ou de même valeur.* Mais qui va mesurer et comparer la « valeur » des différentes professions? Et comment va-t-on la mesurer? En se demandant, peut-être, s'il s'agit d'un travail « pénible° » ou non. Seulement, ce critère° a été défini par des hommes, conformément aux « valeurs viriles » : est pénible ce qui demande du muscle... Autrement dit, les travaux que seuls les hommes peuvent faire sont pénibles, par définition, alors que° les travaux réservés aux femmes sont classés « légers° ».

hard
criterion

alors que whereas
light, easy

---

[2] L'École des Sciences Politiques est une « grande école », de même niveau (*level*) que l'université, mais plus spécialisée et plus prestigieuse. Une autre « grande école » : l'École Polytechnique, pour les ingénieurs.

Thu-Thuy est l'une des premières femmes qui a réussi à entrer dans l'école française la plus difficile : l'École Polytechnique.

Les travaux réservés aux femmes... C'est peut-être là qu'est le coeur du problème. Evelyne Sullerot, sociologue et spécialiste de la condition féminine, explique :

— Les métiers° qui se féminisent° sont ceux dont les hommes ne veulent plus parce que leur statut a baissé.° Le cas le plus évident est celui du secrétariat.° Autrefois, et jusque dans les années trente,° le secrétariat était un métier masculin. Alexandre Dumas disait que, le jour où la femme serait secrétaire, elle perdrait sa féminité... Aujourd'hui, il n'y a plus que les agents de police pour faire° des travaux de dactylo.°

D'autre part,° les métiers qui se masculinisent sont précisément ceux qui se mécanisent, et qui permettent donc de faire de plus gros profits. Voyez l'élevage de la volaille.° En l'espace de vingt ans, il est passé entièrement aux mains des hommes : le travail ne consiste plus à jeter du grain aux poules,° mais à diriger une entreprise mécanisée.

— Pourtant, l'industrie du transistor est presque entièrement féminine...

— Parce qu'elle exploite la seule supériorité incontestable des femmes dans le domaine industriel : la dextérité, la finesse. On a

occupations / **qui...** that are being taken over by women
declined

occupation of secretary

les... the thirties

il... only the police still perform / typist
D'autre part... On the other hand

l'élevage... poultry farming

hens

donc créé des secteurs entièrement féminins pour utiliser cette supériorité — et en même temps ne pas la payer. On a fait bien attention de ne pas y introduire d'hommes, pour éviter° les comparaisons!

— Dans un autre domaine, l'éducation est de plus en plus désertée par les hommes...

— C'est vrai. En France, 100 pour cent de femmes enseignent à l'école maternelle,° 70 pour cent dans le primaire, 58 pour cent dans le secondaire. Mais l'explication est un peu différente : les femmes préfèrent travailler avec des personnes plutôt qu'avec des objets. C'est ainsi qu'il y a partout — en Suède, en U.R.S.S., en France — la même féminisation de certains secteurs, comme les soins° aux malades, aux enfants. C'est également le cas pour l'éducation, et je dois dire que cette situation n'est pas saine° : il est tout de même anormal qu'au moment même où la mixité° se généralise dans les classes, un enfant puisse[3] avoir seulement des professeurs femmes de l'école maternelle au bachot.

Adapté d'un article de Maurice Roy
et d'un entretien avec Evelyne Sullerot, *L'Express.*

Qu'en pensent les hommes?

Aujourd'hui, dans la catégorie des Françaises âgées de 25 à 35 ans, une sur deux travaille. Il y a dix ans, la proportion était d'une sur trois...

Qu'en pensent les hommes? Eh bien, 48%° d'entre eux sont convaincus qu'elles seraient plus heureuses chez elles avec leurs enfants. Cependant, presque tous — en traînant° parfois un peu

---

[3] subjonctif de *pouvoir*

Margin glosses:
avoid
l'école maternelle nursery school
care
healthy
coeducation
pourcent
dragging

— J'espère que maman va bientôt rentrer!

les pieds — ont accepté cette situation nouvelle. Il y a dix ans, 56% d'entre eux étaient hostiles au travail féminin; le chiffre n'est plus que de 16% aujourd'hui. Et les hommes, logiques avec eux-mêmes, en tirent° les conséquences; ils aident leur femme dans les travaux domestiques, souvent (42%), quelquefois (46%).

Ce qu'ils font? À vrai dire, pas grand chose,° mais avec bonne volonté° : ils descendent les poubelles,° ils mettent le couvert,° ils font la vaisselle° et le marché.° Une seule terreur, même pour les jeunes pères : les bébés... Ça pleure, c'est sale : 61% des pères pensent que ça n'est pas à eux de s'en occuper.°

Mais ils trouvent même une certaine satisfaction à aider leur femme. André, par exemple, ingénieur à Grenoble :

— Ce que je préfère, c'est la cuisine. Ça ne me paraît pas plus idiot que de collectionner des timbres,° de jouer au train élec-trique ou de faire des mots croisés.°

Et si leur femme gagnait plus d'argent qu'eux? Les résultats d'une enquête° récente sont surprenants : 86% des hommes n'en seraient pas gênés.° Si elle avait, au moment du mariage, une plus grande fortune? 90% des hommes répondent que ça ne leur ferait ni chaud ni froid. Si elle occupait une fonction sociale plus importante? 85% l'accepteraient.

Spontanément, ou par raison, ils se sentent obligés de ne pas être gênés. Simplement parfois, une crainte° :

— Il peut naître° chez l'homme, avoue un fonctionnaire,° une frustration qu'il s'appliquera à dissimuler° mais qui, à la longue,° pourra détruire l'harmonie du couple.

Si une femme était leur supérieur dans le travail? Là, c'est différent : 30% des hommes seraient ennuyés,° et 68% disent qu'ils ne le seraient pas. Il est vrai que le cas est rare dans la société française actuelle,° et ces 68% pensent sans doute qu'une chose aussi désagréable n'est pas près de leur arriver...

Adapté d'un article de Michèle Cotta, *L'Express.*

draw

pas... not much
goodwill / garbage cans / **mettent...** set the table
dishes / marketing

ça... it's not *their* job to mind them

stamps
mots croisés crossword puzzles

survey
disturbed

fear
Il... There may arise / civil servant
hide / **à...** in the long run

annoyed

present

EXERÇONS-NOUS

LE GROUPE DU VERBE : LE VERBE ÊTRE

I La Contradiction

Le M.L.F. (ou le *Women's Liberation*) est un sujet controversé : excellente occasion pour nous exercer à la contradiction! Avez-vous remarqué qu'il est plus facile, en français, de contredire quelqu'un que d'exprimer une pensée originale? L'explication est simple : pour contredire, il suffit de modifier un peu la phrase en commençant par : « Mais non! — Mais si! — Au contraire! — Je ne suis pas d'accord! — Ce n'est pas vrai! » Il suffit aussi d'employer très souvent le verbe *être* (Ce n'est pas vrai!). Hamlet le savait bien : « Être ou ne pas être... »

Tous les exercices de ce chapitre vont donc utiliser le verbe *être*. Vous remarquerez qu'il est presque toujours suivi d'un adjectif (heureux) ou d'un groupe de l'adjectif (très heureux).

A La Contradiction avec *mais non*

EXERCICE Vous n'êtes pas d'accord avec les phrases suivantes. Réfutez-les en employant *mais non*. (On *réfute* une idée; on *contredit* une personne.)

MODÈLE : Le travail des femmes est nécessaire.
Mais non, il n'est pas nécessaire!

1. Ce problème est réel.
2. Votre système est incohérent.
3. L'inégalité (*f*) entre hommes et femmes est illogique.
4. Cette situation est anormale.
5. Les travaux masculins sont pénibles.
6. Les hommes sont naïfs.

B La Contradiction avec *mais si*

EXERCICE Vous n'êtes pas d'accord avec les phrases suivantes. Réfutez-les en employant *mais si* et *très*.

MODÈLE : Le travail des femmes n'est pas nécessaire.
Mais si, il est très nécessaire!

1. Ce problème n'est pas réel.
2. Votre système n'est pas incohérent.

3. L'inégalité entre hommes et femmes n'est pas illogique.
4. Cette situation n'est pas anormale.
5. Les travaux masculins ne sont pas pénibles.
6. Les hommes ne sont pas naïfs.

C   La Contradiction intensifiée par *au contraire*

EXERCICE   Sur ce modèle, refaites les phrases de l'exercice de la section B précédente en remplaçant *mais si* par *au contraire*. (C'est une façon de rendre la contradiction plus forte.)

MODÈLE :   Le travail des femmes n'est pas nécessaire.
Au contraire, il est très nécessaire!

D   La Contradiction intensifiée par *vraiment*

EXERCICE   Sur ce modèle, refaites les phrases de l'exercice de la section B précédente en remplaçant *mais si* par *au contraire* et *très* par *vraiment*. (La force de la contradiction est à peu près la même que dans la section C.)

MODÈLE :   Le travail des femmes n'est pas nécessaire.
Au contraire, il est vraiment nécessaire!

II   Une Forme de contradiction : la comparaison

Une autre façon, un peu plus subtile, de contredire quelqu'un, est d'affirmer : Mais non! X est *plus* grand, *moins* beau, *plus* dangereux, *moins* utile, qu'Y. Pour cela, il faut vous habituer à utiliser la forme *comparative* de l'adjectif.

A   La Comparaison positive

Voici huit façons de comparer, toutes positives :

	aussi	
	au moins aussi	
Les femmes sont	moins / bien moins / beaucoup moins	fortes que les hommes.
	plus / bien plus / beaucoup plus	

— bien moins = beaucoup moins
— bien plus = beaucoup plus
— ne confondez pas *moins* (*less*) avec *au moins aussi...* (at least as . . .)

EXERCICE Pour chacune des phrases suivantes, établissez les huit comparaisons. Dans chaque cas, indiquez laquelle vous semble la plus vraie :

MODÈLE : Les femmes... fortes... les hommes.
Les femmes sont aussi fortes que les hommes.

1. Le travail intellectuel... pénible... le travail physique.
2. Le tutoiement... simple... le vouvoiement.
3. La solitude... difficile... la vie en groupe.
4. Les vacances... agréables... l'année scolaire.

B   La Comparaison négative

Voici cinq façons de comparer, toutes négatives :

Les femmes ne sont pas
$\begin{cases} \text{aussi} \\ \hline \text{moins} \\ \text{beaucoup moins} \\ \hline \text{plus} \\ \text{beaucoup plus} \end{cases}$
fortes que les hommes.

REMARQUEZ   — Il est impossible d'utiliser *bien* dans ce cas.

EXERCICE Refaites l'exercice de la section A précédente en établissant, pour chaque phrase, les cinq comparaisons négatives. Dans chaque cas, indiquez laquelle vous semble la plus vraie.

MODÈLE : Les femmes... fortes... les hommes.
Les femmes ne sont pas aussi fortes que les hommes.

C   Deux formes subtiles de comparaison

Les femmes ne sont pas aussi naïves
$\begin{cases} \text{qu'on le pense.} \\ \text{qu'on le croit.} \end{cases}$

— Cette affirmation est moins précise, plus prudente, que celles de l'exercice précédent.

— Qu'on *le* pense : *le* est absolument nécessaire. (*It = the fact of being naive*)

EXERCICE Complétez les phrases suivantes en utilisant l'adjectif (colonne de droite) qui vous semble le plus exact :

MODÈLE : Les femmes...   naïve
Les femmes ne sont pas aussi naïves qu'on le pense.
ou **Les femmes ne sont pas aussi naïves qu'on le croit.**

1. Les vacances...	difficile
2. L'année scolaire...	idiot
3. La voiture...	agréable
4. Le travail intellectuel...	rapide
5. La mer...	dangereux
6. Les bébés...	utile
7. La vie en groupe...	pénible

Les femmes ne sont pas **toujours** aussi naïves $\begin{cases} \text{qu'on le pense.} \\ \text{qu'on le croit.} \end{cases}$

REMARQUEZ En ajoutant le mot *toujours,* l'affirmation devient plus nuancée, plus subtile.

EXERCICE Modifiez les phrases de l'exercice précédent en ajoutant *toujours.*

MODÈLE : Les femmes... naïve
Les femmes ne sont pas toujours aussi naïves qu'on le croit.

III   Facile ou difficile?

Un sujet de discussion très habituel : une chose est-elle facile ou difficile à faire?

Mais : $\begin{cases} \textit{facile à ou facile de?} \\ \textit{difficile à ou difficile de?} \end{cases}$

Ça dépend...

A   Facile à / de

> L'égalité est facile **à** obtenir.
> **Il** est facile **d**'obtenir l'égalité.

REMARQUES — *Il* est facile *de* : le verbe *être* est impersonnel (*it is easy*) et se trouve en général au début de la phrase.

EXERCICE   Complétez les phrases suivantes :

MODÈLE :   L'égalité _____ obtenir.
L'égalité est facile à obtenir.
Il est facile d'obtenir l'égalité.

1. L'intelligence _____ mesurer.
2. Le raid _____ organiser.
3. La société _____ réformer.
4. Cette leçon _____ comprendre.
5. Les règles de l'auto-stop _____ respecter.

B   Difficile à / de

EXERCICE   Sur ce modèle, refaites les phrases de l'exercice de la section A précédente.

MODÈLE :   L'égalité _____ obtenir.
L'égalité sera difficile à obtenir.
Il sera difficile d'obtenir l'égalité.

C   Pas difficile à / de

EXERCICE   Sur ce modèle, refaites les phrases de l'exercice de la section A précédente.

MODÈLE :   L'égalité _____ obtenir.
L'égalité n'était pas difficile à obtenir.
Il n'était pas difficile d'obtenir l'égalité.

D   Pas facile à / de

EXERCICE   Sur ce modèle, refaites les phrases de l'exercice de la section A précédente.

MODÈLE :   L'égalité _____ obtenir.
L'égalité n'est pas facile à obtenir.
Il n'est pas facile d'obtenir l'égalité.

IV Pour ou contre?

La base même d'une discussion : êtes-vous *pour* ou *contre* quelque chose? Acceptez-vous ou refusez-vous une certaine idée?

A

> Vous êtes **pour** les vacances à l'étranger?
> Oui, mais **contre** les vacances à l'étranger mal préparées.

REMARQUEZ
— C'est la première fois, dans ce chapitre, que nous n'avons *pas d'adjectif* après le verbe *être*. Le sens du verbe est alors un peu différent : *Are you in favor of? against?*

EXERCICE
Donnez votre avis sur les sujets suivants :

MODÈLE : le travail
Vous êtes pour le travail?
Oui, mais contre le travail pénible. ou Oui, mais contre le travail mal payé.

1. l'auto-stop   2. les voyages en groupe   3. les examens
4. les réformes   5. les contacts personnels

B

> Il ne faut pas bannir l'originalité.
> L'originalité n'**est** pas **à** bannir.

REMARQUEZ
— Encore une préposition (à) tout de suite après le verbe *être*. La construction est la même qu'en anglais.

EXERCICE
Sur ce modèle, donnez votre avis sur six des dix sujets suivants, en utilisant le verbe qui convient le mieux :

MODÈLE : la vertu...   condamner
Il ne faut pas condamner la vertu.
La vertu n'est pas à condamner.

1. le mariage   8. le vice
2. les coutumes étrangères   9. la télévision
3. les voyages en groupe   10. l'amour
4. le travail féminin
5. le capitalisme
6. le communisme
7. la moralité

bannir
refuser
accepter sans réflexion
rejeter sans réflexion
critiquer
condamner
tolérer
encourager

V   Être ou paraître?

Jusque là, tous nos exemples contenaient le verbe *être*. Mais il existe quelques autres verbes qui s'utilisent de la même façon que lui. Les trois plus importants : *sembler, paraître, devenir.*

> sembler
> paraître$\Big\}$ = *to seem, to appear to be*
> devenir = *to become* = *to come to be*

EXERCICES

1. Complétez les phrases suivantes en utilisant *me sembler* ou *me paraître* avec l'adjectif (colonne de droite) qui vous semble le plus exact. Ensuite, expliquez ou justifiez votre affirmation dans une phrase.

   MODÈLE :   La vertu   peu intéressant
   La vertu me semble peu intéressante.   Je préfère le plaisir.
   ou **La vertu me paraît peu intéressante.   Elle ne vous enrichit pas.**

   1. La philosophie   ennuyeux
   2. Les idées reçues   injuste
   3. L'argent (*m*)   vicieux
   4. La sécurité   ridicule
   5. Les mouvements (*m*) de réforme   immoral
   6. La civilisation occidentale (*Western*) dangereux
   7. La solitude   passionnant (*exciting*)
   8. L'esprit de compétition   indispensable
                                             superficiel
                                             stérile

2. Répondez aux questions suivantes.

   MODÈLE :   Dans quel cas le travail devient-il pénible?
   Le travail devient pénible quand il demande du muscle.
   ou **Le travail devient pénible quand il est sans objet.**

   1. Dans quel cas l'auto-stop devient-il dangereux?
   2. Dans quel cas les vacances deviennent-elles moins agréables que l'année scolaire?
   3. Dans quel cas vos amis deviennent-ils insupportables? (*unbearable*)

UN PEU DE VOCABULAIRE

1. D'autre part, les métiers qui se masculinisent sont précisément ceux qui se mécanisent.
   — Quelle idée *d'autre part* exprime-t-il? Cette expression est souvent précédée d'une autre : *d'une part.* Employez les deux dans une phrase.
   — Donnez un synonyme de *métier.*
   — Qu'est-ce que c'est qu'un métier *qui se masculinise?* Et un métier *qui se mécanise?*

2. Dans un autre domaine, l'éducation est de plus en plus désertée par les hommes.
   — Donnez un synonyme de *désertée.*
   — Quelle idée l'expression *de plus en plus* ajoute-t-elle à la phrase? Quelle expression du même genre (*type*) exprime le contraire? Employez chacune dans une phrase.

3. Et les hommes, logiques avec eux-mêmes, en tirent les conséquences.
   — Que signifie *logiques avec eux-mêmes?*
   — *Tirer les conséquences* de quelque chose, qu'est-ce que c'est?
   — Ici le verbe *tirer* est employé au sens figuré. Employez-le au sens propre. (les rideaux : *curtains;* une épée : *sword*)

4. Ce qu'ils font? À vrai dire, pas grand chose, mais avec bonne volonté.
   — Exprimez *à vrai dire* d'une autre façon.
   — Que veut dire *pas grand chose?* (Notez bien : ici, par exception, *grand* ne prend pas de e devant un nom féminin.)
   — Qu'est-ce que c'est que faire quelque chose *avec bonne volonté?* Que signifie le mot *volonté* employé seul? *Il a une volonté de fer* (*iron*); *la volonté de Dieu.*

5. Ils se sentent obligés de ne pas être gênés.
   — *Se sentir obligé de faire* (quelque chose) : employez cette expression dans une phrase.
   — Qu'est-ce que c'est qu'*être gêné par quelque chose?* Donnez des synonymes de *gêné.*

6. Il peut naître, chez l'homme, une frustration qui, à la longue, pourra détruire l'harmonie du couple.
   — Qu'est-ce que c'est qu'*une frustration, être frustré?*
   — *Il peut naître, chez l'homme, une frustration* : dites cela d'une autre façon.
   — *Chez l'homme* : s'agit-il de domicile (*residence*) ici? Comment cette expression est-elle employée?
   — Exprimez *à la longue* d'une autre façon.
   — Quel substantif correspond au verbe *détruire?* Et quel est le contraire de ce verbe?

IMAGINONS / DISCUTONS

IMAGES, pp. 56, 59

1. En France et ailleurs (*elsewhere*), on constate une féminisation de certains secteurs économiques, en particulier dans l'éducation. Est-ce une bonne ou une mauvaise chose?

   — Dans votre école primaire, y avait-il seulement des institutrices (*women teachers*) ou également des instituteurs? Et à l'école secondaire? Dans quelles proportions?

   — Est-ce que vous avez remarqué des différences entre les deux sexes dans leur manière d'enseigner? Lesquelles?

   — Est-ce que les hommes enseignaient mieux certains sujets que les femmes, et vice versa? Quels sujets?

   — En somme (*in short*), lesquels préfériez-vous, les hommes ou les femmes? Pourquoi?

— *Je ferais bien partie du M.L.F., mais mon mari ne veut pas.*

2. Cette image et ce dessin sont typiques de deux attitudes différentes vis-à-vis de la « libération » des femmes.

— Dans l'image p. 71, vous voyez deux jeunes femmes. Que font-elles? Quelle est leur attitude envers (*toward*) « la lutte des femmes »?

— Dans l'image p. 72, vous voyez deux autres femmes qui se parlent. Où sont-elles et que font-elles exactement? Faites la description de l'endroit où elles se trouvent. Y a-t-il d'autres femmes? Des hommes aussi? Que font-ils tous? Quelle ironie voyez-vous dans la légende? Quelle attitude envers la « libération » des femmes se manifeste ici? Expliquez.

Vocabulaire supplémentaire :
le gratte-ciel (*skyscraper*), le bâtiment, la statue, *le marché* (*market*), le vendeur, la ménagère (*housewife*), la nourriture (*food*), les légumes (*m*), le tas (*heap, pile*), docile, naïf.

3. « Vive la lutte des femmes! » Si vous êtes une femme, expliquez votre position personnelle : lutte pour quoi et contre quoi? Si vous êtes un homme, dites franchement ce que vous pensez de ce slogan et de cette lutte.

Vocabulaire supplémentaire :
le préjugé, la tyrannie masculine, l'exploitation, l'inégalité, l'orgueil (*m*) (*arrogance*), le mépris (*scorn*), l'absurdité, immodéré, exagéré, irresponsable, déraisonnable (*unreasonable*) anormal, peu naturel (*unnatural*), la supériorité masculine, porter la culotte (*to be the boss*).

SUJETS SUPPLÉMENTAIRES

IMAGE, p. 71

1. Dans l'image vous voyez une jeune femme blanche et une jeune femme noire. Croyez-vous que la « lutte des femmes » soit une occasion de rapprochement entre les races? Expliquez, donnez des exemples.

IMAGE, p. 61

2. Relisez d'abord le texte « Qu'en pensent les hommes? » Si vous êtes un homme, donnez votre opinion personnelle sur chacune des questions posées par l'enquête. Si vous êtes une femme, vous connaissez probablement l'opinion de votre père, de votre frère ou de vos amis sur le sujet. Expliquez.

On dirait que le singe n'a été fait que pour humilier l'homme
et lui rappeler qu'entre lui et les animaux, il n'y a que des nuances.

J.B. Say, économiste français

D'OÙ VENONS-NOUS?

5 *Depuis peu d'années, il existe des singes[1] qui parlent
(« Dialogues de singes »). En quoi cette expérience,[2]
réussie[3] par des savants[4] américains, a-t-elle quelque
chose à voir avec l'origine de l'homme? Ce sont des
savants français qui vous l'expliquent (« Ni sens ni
but? »)*

---

[1] *monkeys*
[2] *experiment*
[3] *performed successfully*
[4] *scientists*

◁ **Premier message de la planète des singes.**

Dialogues de singes

Le 21 juin 1966 : cette date ne vous dit rien.° Pourtant, ce jour-là commença[5] quelque chose qui apparaîtra peut-être comme l'une des grandes révolutions de l'histoire de la terre. Ce jour-là, Washoe reçut sa première leçon de langage. Washoe, qui avait alors un an, était un jeune chimpanzé femelle, élève d'un couple de psychologues de l'Université de Nevada, les Gardner.[6]

Ce n'était pas la première fois qu'on essayait d'apprendre à parler à des chimpanzés, les plus évolués de tous les singes, mais jusque là, on avait toujours échoué.°

Les Gardner partirent d'une constatation° simple : les singes sont extrêmement habiles° de leurs mains. Pour eux, il semble plus naturel, plus spontané, de se servir de leurs mains que de leur voix. La conclusion était évidente : ce qu'il fallait apprendre à Washoe, c'était un langage par gestes. Les Gardner choisirent l'A.S.L. (*American Sign Language*), le langage codifié des sourds-muets° américains, dans lequel chaque signe correspond non à un son, mais à un concept. Un exemple : le geste signifiant « bébé » (les bras croisés, les mains sur les coudes°) sert aussi à désigner une poupée.°

Au bout de° quatre années d'apprentissage,° Washoe disposait de° cent trente-deux signes. Bientôt, elle utilisa spontanément des combinaisons de mots comme « ouvre, s'il te plâit » ou « donne-moi nourriture. » L'important, c'est ceci : Washoe

ne...	doesn't ring a bell
	failed
	observation
	skillful
	deaf-mutes
	elbows
	doll
	after / apprenticeship
disposait de	had at her command

---

[5] Dans ce texte, beaucoup de verbes sont au passé simple.
[6] Les noms de personnes ne prennent jamais de *s* au pluriel.

— Sucette (*lollipop*)!

— Chapeau!

manifesta vite un pouvoir° de généralisation, d'abstraction, de symbolisation, montrant ainsi que ses gestes n'étaient pas seulement une suite° de réflexes provoqués par la présentation d'un stimulus visuel. Ainsi, il lui arriva de demander : « Emmène-moi° dehors° pour aller voir les fleurs. »

Bientôt, Washoe commença... à enseigner à son tour. Un autre psychologue, le docteur Fouts, de l'Université d'Oklahoma, avait commencé par refaire les expériences des Gardner sur quatre chimpanzés pour voir si Washoe n'était pas un génie particulier.° Là encore, l'expérience fut concluante. Mais le docteur Fouts voulut aller plus loin. Il amena Washoe dans une colonie de singes. Spontanément, le chimpanzé s'adressa à ces nouveaux compagnons dans le langage qu'elle avait appris chez les Gardner. Comme° les autres singes n'étaient pas allés à l'école, ses questions restaient sans réponse. Le docteur Fouts mit alors Washoe en présence de deux chimpanzés mâles, Bruno et Booee qui, eux, y étaient allés. Aussitôt, les échanges commencèrent :

capacity

series

Emmène-moi Take me
outside

isolated

Since

« Viens me caresser », « Donne-moi fruit ». Mais c'est sans doute Washoe qui donna au docteur Roger Fouts la plus grande émotion de sa vie, le jour où elle l'appela « sale Roger » : Washoe venait de découvrir la relation entre le sens propre — le seul qu'elle connaissait pour le mot « sale » — et le sens figuré. Ce qu'elle avait inventé par la même occasion : l'insulte. À partir de ce jour, il n'y eut plus aucun doute : Washoe savait parler!

Adapté d'un article de Charles Schreider, *Le Nouvel Observateur.*

Ni sens ni but?°

purpose

« **T**out cela n'est après tout qu'une histoire de singes, et je ne vois pas pourquoi cette date du 21 juin 1966 est si importante, » argumenteront certains.

Tel° n'est pas l'avis de deux célèbres sociologues français, Edgar Morin[7] et Serge Moscovici.[8] Car ce qui est en cause,° c'est tout simplement l'origine de l'homme.

— Nous avons compris, dit Morin, que si les chimpanzés n'avaient jamais appris à parler, c'était par manque de possibilités glottiques,° et non pas par manque d'aptitudes cérébrales. Comme l'homme, le singe « pense ». Et cela rejoint l'hypothèse de Moscovici sur l'origine de l'humanité : à l'origine, le petit bipède qui était notre ancêtre ne différait pas essentiellement, par ses aptitudes, du chimpanzé. Ce qui a développé ses aptitudes, c'est, entre autres, le fait qu'il a quitté la forêt pour la savane,° qu'il y est devenu un chasseur, un carnivore.

Such

en cause involved

manque... lack of adequate throat formation

treeless plain

[7] *Le Paradigme de la nature humaine,* Paris, 1973.
[8] *La Société contre nature,* Paris, 1972.

D'autre part, comment ne pas se poser la question suivante : pourquoi les chimpanzés n'ont-ils pas découvert tout seuls le langage, puisque leur cerveau° le leur permet° et qu'ils vivent en société? Une réponse possible : parce que seul, l'homme avait besoin du langage. Seul de tous les êtres vivants, il ne vit pas seulement au jour le jour.° Il conserve le souvenir du passé, il se projette dans l'avenir. Il a besoin de donner à sa vie un sens et un but.

Mais précisément, la vie humaine n'a ni sens ni but, si l'on en croit les existentialistes,[9] et aussi Jacques Monod, prix Nobel de médecine, auteur d'un livre célèbre.[10] Jacques Monod a établi, au

brain / **le...** permits them to

au... from day to day

[9] Une école philosophique et littéraire très célèbre en France entre 1945 et 1960. Son représentant le plus connu : Jean-Paul Sartre.
[10] *Le Hasard et la nécessité*, Paris, 1972.

cours de ces dernières années, que la vie obéit aux mêmes lois que la matière inanimée. Son étonnante capacité à se reproduire repose entièrement sur les propriétés physico-chimiques d'une molécule unique, au nom barbare : l'acide désoxyribonucléique. La vie subit,° comme les objets, le jeu des forces électromagnétiques qui président aux permutations des atomes. Il a suffit qu'à l'origine des temps, dans le mélange° désordonné des éléments primitifs, les molécules se combinent d'une certaine façon : la vie était née. La machine est ainsi construite qu'elle° ne peut plus se dérégler.° Hasard et nécessité... Tout ce que l'homme peut se dire, c'est qu'à la loterie cosmique, il a tiré le gros lot!°

Mais personne, et pas plus Jacques Monod qu'un autre, n'a été capable jusqu'à présent d'expliquer comment s'est produite cette « bonne combinaison ». Et, après tout, le Hasard est une notion à peine° moins métaphysique que celle de la Providence. Que° la vie ait un sens ou non, l'homme a besoin de lui en donner un. Ce qu'on peut traduire, en langage de théologie, en disant que l'homme a besoin d'être sauvé. C'est un agnostique, André Malraux, qui a écrit : « Le vingt-et-unième siècle sera religieux ou ne sera pas. »

Adapté d'un article de Gérard Bonnot, *L'Express*,
et d'un entretien avec Edgar Morin, *Le Nouvel Observateur*.

undergoes

mixture

ainsi... built in such a way that it

se dérégler break down

il... he hit the jackpot

à peine scarcely / Whether

EXERÇONS-NOUS

LE GROUPE DU VERBE : LES VERBES AUTRES QUE LE VERBE ÊTRE

1. Les étudiants français tutoient **leurs amis.**
2. Les Américains téléphonent souvent **à leurs amis.**
3. L'homme donne **un sens à sa vie.**
4. Les jeunes gens voyagent beaucoup.

  — Dans la phrase 1, *leurs amis* est le groupe de *l'objet direct* (*les étudiants français* est le groupe du sujet).

  — Dans la phrase 2, à *leurs amis* est le groupe de *l'objet indirect* (préposition à).

  — Dans la phrase 3, il y a un groupe de l'objet *direct* + un groupe de l'objet *indirect*.

  — Dans la phrase 4, il n'y a *aucun groupe de l'objet*.

Tout dépend de la nature du verbe. Le verbe ressemble au soleil : les autres éléments de la phrase tournent autour de lui. Dans ce chapitre, nous allons étudier les quatre types de verbes contenus dans les quatre phrases du tableau.

Le Verbe avec un objet direct

1. Les étudiants français tutoient **leurs amis.**
2. Les singes aiment beaucoup **manger.**

REMARQUEZ   — Le groupe de l'objet direct peut être n'importe quoi : un groupe du nom (leurs amis), un verbe (manger), un pronom.

  — On l'appelle groupe de l'objet *direct* parce qu'il est construit sans préposition.

EXERCICE   Complétez les phrases suivantes en ajoutant un groupe de l'objet direct de votre choix. Employez des verbes à des temps différents.

MODÈLE : Les savants   expliquer
   Les savants expliqueront leurs découvertes scientifiques.

1. Ce jeune français	tutoyer
2. Les révolutionnaires	détester
3. Le poète	aimer
4. Washoe	apprendre
5. La nouvelle génération	chercher
6. Nos amis	accepter
7. Un travail difficile	demander
8. Tu	écouter
9. Ces auto-stoppeurs	attendre
10. Les chasseurs	tuer

II Le Verbe avec un objet indirect

A

> Les Américains téléphonent souvent **à leurs amis**.

REMARQUEZ — Le groupe de l'objet indirect est introduit par la préposition à.

EXERCICE Complétez les phrases suivantes en ajoutant un groupe de l'objet indirect de votre choix. Employez des verbes à des temps différents.

MODÈLE : Le chimpanzé   répondre
    Le chimpanzé a répondu à la question.

1. Washoe   sourire
2. Je   penser
3. Nous ne voulons pas   renoncer
4. Tout homme courageux   résister
5. Personne n'aime   obéir
6. Il ne faut pas   pardonner

B

> Il parle **de ses vacances à ses amis**.

REMARQUEZ — Le verbe *parler* peut s'employer avec deux groupes prépositionnels :
- un groupe avec *de* : les personnes ou les choses *dont* (*about whom/which*) on parle.
- un groupe avec *à* : la personne ou les personnes *à qui* (*to whom*) on parle. (= objet indirect)

EXERCICE Complétez les phrases suivantes en employant chaque fois le verbe *parler de* à un temps différent. Vous pouvez employer avec *de* n'importe quelle expression de la colonne 1, et comme objet indirect n'importe quel mot de la colonne 2.

MODÈLE : Je   Afrique   amis
    Je parle de l'Afrique à mes amis.

	1	2
1. Je	théologie (*f*)	parents
2. Tu	séjour (*m*) en Israël	journalistes
3. Le savant américain	expériences en Europe	étudiants
4. Les professeurs	origine de l'homme	amis

III Le Verbe avec un objet direct et un objet indirect

> L'homme donne **un sens à sa vie.**

EXERCICES

1. Faites deux phrases avec chacun des verbes suivants, en les combinant avec les objets directs et indirects qui vous semblent convenir (*fit*).

MODÈLE : Je pardonne   violence   les militaires

Je pardonne leur violence aux militaires.

	GROUPE DE L'OBJET DIRECT	GROUPE DE L'OBJET INDIRECT
1. Je pardonne	injustice	les femmes
2. Nous reprochons	décadence (*f*)	les hommes
	infidélité	le capitalisme
	stupidité	les examinateurs
	hypocrisie	les riches
	frivolité (*f*)	la société
	rigueur (*f*)	
	arbitraire (*m*)	
3. Tu caches	ignorance	ami(e)s
4. Vous révélez	vices délicieux	professeurs
	fortune (*f*) illicite	parents
	avarice	autres
	naïveté	ennemis
	esprit de révolte	partenaires
		autorités
		psychiatre

2. Refaites l'exercice précédent au passé composé. Employez chaque verbe une fois dans une phrase nouvelle.

IV Le Verbe sans complément d'objet

> Les jeunes gens voyagent beaucoup.
> L'avion vole très vite.
> Je reste ici pendant les vacances.

— Ces verbes n'ont aucun (*no*) complément d'objet, ni direct ni indirect.

— Attention : Je vais à l'école.

    • *à l'école* n'est pas un objet indirect. C'est un groupe prépositionnel.

EXERCICES   1. Complétez les phrases suivantes en faisant les changements nécessaires. Employez le présent, l'imparfait ou le futur.

MODÈLE : Les singes   aller   à l'école
Les singes allaient à l'école.

1. Les chimpanzés	vivre	en société
2. Ces questions	rester	sans réponse
3. La nuit	tomber	—
4. L'homme	devenir	plus intelligent
5. L'expérience	échouer	—
6. Je	courir	très vite

2. Refaites les phrases de l'exercice 1 en employant toujours le passé composé.

V Monter, descendre, etc.

> 1. Le voyageur **monte dans** le train.
> 2. Le voyageur **est monté dans** le train.
>
> 3. Le voyageur **monte sa valise** dans le train.
> 4. Le voyageur a **monté sa valise** dans le train.

REMARQUEZ   — Dans 1 et 2, il n'y a pas de groupe de l'objet.

— Dans 3 et 4, il y a un groupe de l'objet (ici objet direct).

— La différence apparaît encore plus clairement au passé composé : auxiliaires *être* (2) ou *avoir* (4).

— D'autres verbes de ce genre : *descendre, sortir, passer.*

EXERCICE   Mettez les phrases suivantes au passé composé.

MODÈLE : Je passe par Paris.
Je suis passé par Paris.

1. L'auto-stoppeur monte dans la voiture.
2. Certains métiers passent aux mains des hommes

3. Elle sort du village.
4. Il passe son livre à son camarade de chambre.
5. Nous descendons du train.
6. Ils montent l'escalier (*stairs*).
7. Je sors ma voiture du garage.
8. Pour aider leur femme, les maris descendent les poubelles.

VI Nous mélangeons tout!

EXERCICES

1. Complétez les phrases suivantes. Employez un groupe de l'objet direct et/ou indirect, *si c'est possible.*

MODÈLE : Il sourit
Il sourit aux autres stoppeurs. (un groupe de l'objet indirect est possible)

Ils partent
Ils partent vers une destination éloignée. (un groupe de l'objet n'est pas possible)

1. Nos ancêtres vivaient	7. Le souvenir du passé devenait
2. La forêt cachera	8. Je renonce
3. Écoutez-vous	9. Les psychologues parleront
4. Tout être vivant cherche	10. Est-ce que vous reprochez
5. Nous pardonnerons	11. Les femmes restent-elles
6. Faut-il obéir	12. Nous attendions

2. Refaites six phrases de l'exercice précédent, à votre choix, en mettant les verbes au passé composé.

UN APERÇU DU VERBE RÉFLÉCHI (*reflexive*)

> 1. Je **m'**amuse bien à Paris.
> 2. Il **s'**est servi de la voiture.
> 3. Je **me** demande d'où nous venons.
> 4. Ils **se** sont parlé longtemps.

REMARQUEZ

— Le complément d'objet d'un verbe réfléchi est quelquefois direct (phrases 1 et 2) et quelquefois indirect (phrases 3 et 4).

— De temps en temps, la traduction anglaise d'un verbe réfléchi retient l'idée réfléchie :
  • s'amuser = *to have fun* = *to amuse oneself*
  • se demander = *to wonder* = *to ask oneself*
— Mais souvent, l'idée réfléchie est absente :
  • se souvenir de = *to remember*
  • se servir de = *to use*
— Employés au pluriel, certains verbes expriment une action réciproque :
  • Ils se regardent. *They look at each other.*
  • Nous nous parlons. *We talk to one another.*
— Rappelez-vous : au passé composé, les verbes réfléchis se conjuguent avec le verbe *être* (voir le premier chapitre).

EXERCICE Répondez aux questions suivantes en employant un verbe réfléchi au temps convenable.

MODÈLE : Est-ce que tu t'es bien amusé pendant les dernières vacances? Pourquoi?
Oui, je me suis bien amusé. J'ai beaucoup voyagé.
ou **Non, je ne me suis pas bien amusé. J'ai été malade.**

1. Est-ce que Washoe se servait de sa voix pour parler? Sinon, de quoi se servait-elle?
2. Est-ce que vous vous adaptez facilement à des circonstances difficiles? Si oui, donnez un exemple. Sinon, pourquoi pas?
3. Est-ce que vous vous croyez tout permis? Pourquoi? Pourquoi pas?
4. Si je me perds (*get lost*) dans une ville étrangère, qu'est-ce que je fais?
5. Quelquefois, il est difficile de distinguer un garçon d'une fille, parce qu'ils sont habillés de la même façon. Est-ce que vous vous êtes déjà trompé? Racontez.
6. Si tu montes (*set up*) une tente, préfères-tu t'installer au soleil ou à l'ombre (*shade*)? Pourquoi?
7. Vous êtes perdu dans une forêt. Si vous voyez un tigre devant vous, qu'est-ce que vous faites : vous vous avancez, vous vous reculez (*draw back*) ou vous vous sauvez (*run away*)? Expliquez.
8. Que préférez-vous : vous souvenir du passé ou vous projeter dans l'avenir? Pourquoi?

UN PEU DE VOCABULAIRE

1. Entre l'homme et les animaux, il n'y a que des nuances.
   — Qu'est-ce que c'est qu'une *nuance*?
   — En peinture, que veut dire *nuancer une couleur*? Et au sens figuré, *nuancer sa pensée*?

— Comparez *il y a des nuances* et *il n'y a que des nuances*. Quelle différence y voyez-vous? Expliquez.

2. Jusque là, on avait toujours échoué.

— Exprimez *jusque là* d'une autre façon.

— Quel est le contraire d'*échouer*? Employez-le dans une phrase.

— Que veut dire la phrase suivante? *Il a passé le bac, mais il a échoué.*

3. Au bout de quatre années d'apprentissage, Washoe disposait de cent trente-deux signes.

— Exprimez *au bout de quatre années* d'une autre façon. Qu'est-ce que c'est qu'*être à bout de patience, à bout de ressources*? Et que signifie *aller jusqu'au bout*?

— Qu'est-ce que c'est qu'un *apprentissage*? Et un *apprenti*?

— Qu'est-ce que cela veut dire, *disposer de quelque chose* — d'une fortune, d'un grand pouvoir? Et ceci : *Il est riche, il dispose de sa vie.*

4. Il conserve le souvenir du passé, il se projette dans l'avenir.

— Dites d'une autre façon : *il conserve le souvenir du passé.*

— En français, *le souvenir* a deux sens différents, l'un concret, l'autre abstrait. Expliquez.

— Qu'est-ce que c'est que *se projeter dans l'avenir*? Qu'est-ce que c'est qu'un *projet, faire des projets*?

5. La vie humaine n'a ni sens ni but, si l'on en croit les existentialistes.

— Qu'est-ce que c'est qu'un *but, atteindre un but*?

— *La vie humaine n'a ni sens ni but.* Sur ce modèle, dites que vous n'avez pas d'amis et que vous n'avez pas d'argent. Puis, que vous n'êtes pas amusé et que vous n'êtes pas choqué.

— *Si l'on en croit les existentialistes* : exprimez cette idée d'une autre façon.

6. Et, après tout, le Hasard est une notion à peine moins métaphysique que celle de la Providence.

— Qu'est-ce que c'est que *le hasard*? Et si on fait quelque chose *par hasard*, comment le fait-on?

— Quel est le contraire du *hasard*? Et de *par hasard*?

— Que veut dire *métaphysique* ici? Suggérez des synonymes.

— Que signifie *à peine moins métaphysique*? Dites-le d'une autre façon. Que signifient ces phrases? *Il me regarde à peine. C'est une réponse à peine polie.*

— Qu'est-ce que c'est que *la Providence*? Expliquez.

— Il serait plus amusant de manger avec les doigts, mais...

IMAGINONS / DISCUTONS

1. C'est à partir du moment où Washoe a su (*learned to*) insulter son maître qu'elle a vraiment su parler. Discutez.

   — D'abord, qui est Washoe et qu'est-ce qu'on lui apprend? Pourquoi ce langage-ci plutôt qu'un autre?

   — Au bout de quatre années d'apprentissage, Washoe parlait spontanément. Comment a-t-elle fini par surprendre — et choquer — le docteur Fouts?

   — Quelle importance attribue-t-on au fait que Washoe a parlé ainsi au docteur?

   — Quelle conclusion l'article tire-t-il de cet événement?

   — Cette conclusion est-elle ironique, ou faut-il la prendre au sérieux (*seriously*)? Pourquoi?

IMAGE, p. 79

2. Essayez de trouver une légende pour ce dessin. Puis, inventez une petite histoire autour de ce sujet. Pour la rendre plus drôle, racontez-la du point de vue du singe.

IMAGE, p. 88

3. Le singe imite l'homme, bien sûr, mais est-ce qu'il n'y a pas aussi une grande part d'imitation dans le comportement (*behavior*) social de l'homme?
   — Citez des exemples où les gens ont l'habitude de faire comme les autres : à table, en parlant, la manière de s'habiller, les distractions, les vacances, la vie des banlieues (*suburbs*) avec des maisons pareilles, pelouses (*lawns*), autos, etc.
   — Imitation dans le comportement intellectuel aussi : ne portons-nous pas tous en nous une quantité d'idées reçues? Citez-en quelques-unes.
   — Faut-il conclure alors que tous les hommes sont terriblement conformistes? Discutez.

SUJETS SUPPLÉMENTAIRES

IMAGE, p. 74

1. Un singe qui serre la main (*shake hands*) à un homme... Les Français se serrent souvent la main, les Américains beaucoup moins. À votre avis, quelle est la valeur de ce geste? Expliquez.

IMAGES, p. 77

2. Les linguistes modernes s'intéressent beaucoup au langage parlé, au langage par gestes, mais aussi à d'autres langages : le critique français Roland Barthes a étudié par exemple le langage de la mode (*fashion*). A votre avis, qu'est-ce que ces trois « langages » ont en commun?

DIEU REVIENT

6 — « Ni sens ni but? Mais si! » répondent beaucoup de nos contemporains, français ou américains, à cette question posée dans le chapitre précédent.

— « Alors, quel sens, quel but? »

— « Quelque chose au-dessus de nous. » C'est ce que pourraient répondre ceux qui vont faire retraite à l'abbaye de Boquen en Bretagne (« Faire la fête »), aussi bien que les 74 pour cent de Français qui croient que l'existence de Dieu est certaine ou probable (« Jésus-Christ, c'est formidable! »). Et si la chanson « Je suis... », chantée sur un rythme pop, a tant de succès, c'est peut-être parce qu'elle donne, de façon concrète, la parole à « ce dieu qui revient ».

◁ Donnez-nous aujourd'hui notre pain de chaque jour...

Faire la fête[1]

J'avais entendu parler de Dom[2] Bernard comme d'un moine° rebelle que son ordre avait destitué° et qui avait ouvert son monastère aux touristes. Je tombai par hasard sur° l'un de ses livres. Je l'ouvris sans appétit, le lus d'un bout° à l'autre et me dis que, pour une fois, un théologien moderne, au lieu de « penser » sa foi,° semblait la vivre, et la vivre avec un lyrisme révolution-naire. Alors, je suis allée vers cette abbaye de Boquen, en Bretagne, pour voir...

Boquen, c'est Babel! Chacun y vient avec son langage et le désir de sortir de lui-même en partageant° « son » langage, transfiguré comme par miracle. Tous des mendiants,° nous sommes tous des mendiants! Jeunes, moins jeunes, blonds, bruns, gris, blancs. Des hommes, des femmes, des adolescents, des enfants. Ceux qui croient en Dieu et ceux qui n'y croient pas. Je demande à l'un ou à l'autre pourquoi il est à Boquen. Une jeune fille murmure : « J'espère y trouver un chez moi.° » Une dame mûre° répond : « Vivre un moment. »

— Chez vous, vous ne vivez pas?

— Non, je fais comme tout le monde; je passe un jour après l'autre en me répétant que, demain, je prendrai le temps de vivre vraiment...

Et puis, il y a ceux qui, comme moi, disent « Je viens pour rien, pour voir... ». Ce que personne ne dit, mais ce que tout le monde pourrait dire, peut-être : « Parce que j'attends° tout. »

monk	
dismissed	
Je... I came across	
end	
faith	
sharing	
beggars	
chez moi home	
middle-aged	
expect	

---

[1] En général, *faire la fête* signifie *to have a good time.* Ici, c'est une invitation a retrouver l'aspect heureux et joyeux de la religion.
[2] Ce titre indique que le moine est dominicain.

Il prêche *Le Petit Livre des pensées de Jésus.*

J'ai vu Dom Bernard. Comment le définir? Je dirai qu'il est d'une humanité contagieuse. En vous disant « bonsoir », il vous rend° heureux. D'ordinaire, « bonsoir » n'est qu'un mot, mais ici, vous regardez, surprise, cet homme qui *vous* dit quelque chose, au lieu de parler.

Et Dom Bernard demande aux chrétiens de faire ce qu'ils ne font pas depuis deux mille ans : leur révolution culturelle, à l'aide du *Petit Livre des pensées de Jésus.* Il leur demande de vivre leur foi dans tous les événements° de leur vie quotidienne,° en secret, en public, de jour et de nuit. Il demande à chaque chrétien de casser° le vieil homme pour libérer l'homme nouveau, et cet homme nouveau cassera tous les moules° pour reconstruire une société juste, animée par un esprit d'amour. Il appelle cette société utopique : le Royaume° de Dieu, et il dit qu'il faut le construire sur la terre. Il demande aux hommes de comprendre que le verbe *être* promet plus de joie que le verbe *avoir*, puisque se sentir vivant, c'est avoir envie d'aimer. Envie de fêter l'amour, de découvrir la vraie fête. Défi° de Boquen au monde tel qu'il est. Incompréhensible appel de Boquen...

— Enfin, demandait une mère venue pour « sauver » sa fille, me diras-tu à quoi rime° ta réponse : « Pour partager. » Partager quoi? D'abord, je te défends° de prêter° ta voiture!

Et dans le cloître, un père exhortait son fils : — Dis, mon petit, tu ne veux pas vraiment te faire moine, n'est-ce pas? Tu as tout pour être heureux dans la vie. Tu as tes diplômes. As-tu assez d'argent pour tes vacances? Écoute, si tu veux un appartement indépendant, ta mère et moi, nous sommes d'accord!

— Mais non, disait patiemment le fils, ce n'est pas ça, ce n'est pas ça du tout, papa...

Adapté d'un article de Fanny Deschamps, *Elle.*

---

makes

occurrences / daily

break, shatter
molds

kingdom

challenge

à... the meaning of
forbid / lend

Jésus-Christ,
c'est formidable!

Pourquoi vivre? Irritante, fascinante, la vieille question retrouve, en cette fin du vingtième siècle, une nouvelle jeunesse. Peut-être parce que, pour la première fois dans son histoire, l'homme d'aujourd'hui se sent seul. Hier, en effet, il passait toute sa vie dans la compagnie des dieux, ou de Dieu. Et puis, Dieu est mort. C'est du moins° ce que Nietzsche a affirmé en 1882.

Et tout a changé. Autrefois, se proclamer athée en occident, où le christianisme régnait seul, c'était faire sécession, et cela n'allait pas sans risque. « L'athéisme est aristocratique, » disait Robespierre, et l'on sait que Robespierre n'avait pas un amour excessif pour les aristocrates...[3]

Aujourd'hui, l'athéisme est collectif. Un tiers° de l'humanité ignore° — ou rejette — tout dieu, ce qui ne s'était jamais vu depuis qu'il y a des hommes. C'est parfois le croyant qui se sent minoritaire, admis dans les pays occidentaux, mais seulement toléré — et souvent combattu — dans les pays communistes. André Malraux a pu écrire : « La civilisation moderne n'est pas une civilisation religieuse et ne se fonde pas sur un événement religieux... Aujourd'hui, la civilisation se développe à vide. »°

Et pourtant, quand on pose à cent Français, comme l'a fait une enquête récente, la question de l'existence de Dieu, les résultats surprennent : 74 jugent cette existence probable, et 9 seulement l'excluent totalement. Les autres ne savent pas.

du moins anyway

third
is unaware of

à vide with no purpose

---

[3] Il les envoyait à la guillotine!

Étonnant contraste donc : l'affirmation de la croyance en Dieu se superpose à la réalité d'une civilisation qui se passe de° Dieu. Dieu en même temps ressuscité et aboli.

se... does without

L'autre fait notable est le divorce entre la foi et les Églises : 58 pour cent des catholiques français interrogés sont d'accord avec la phrase : « Je n'ai pas besoin d'intermédiaire entre Dieu et moi. » Un élève de terminale du lycée Turgot : « Maintenant, je fais la part des choses.[4] Jésus-Christ, j'y crois, c'est formidable, mais l'Église, c'est du cirque, du cinéma. » « Le pape, l'Église-institution, l'Église-règles, ils s'en fichent, »° explique le Père Carpentier. « Pour les lycéens, il faut que l'aumônier[5] soit sympa,[6] qu'il ait quelque chose à dire. Le fait qu'il soit prêtre leur est égal.°

ils... they couldn't care less

leur... doesn't matter to them

Petit à petit, le déisme[7] remplace le christianisme. À quoi donc croient beaucoup de jeunes ? « À quelque chose au-dessus de nous », à une sorte d'« horloger de la création ». Et ce qui est notable, c'est que cette évolution ne s'accompagne pas de la destruction de la morale. De la morale chrétienne, au sens le plus étroit,° peut-être, mais, quand on leur demande de définir leur idéal, ils mentionnent en général « faire le bien, être charitable, aimer son prochain° ». Après tout, l'Évangile° dit-il autre chose ?

narrow

fellow man / Gospel

Adapté d'articles de Jacques Duquesne, *L'Express;* de Georges Suffert, *Le Point;* et de Catherine Chaine, *Elle.*

---

[4] Je sépare le vrai du faux.

[5] Le prêtre qui donne des cours de religion, certains jours, dans les lycées.

[6] *fam.* sympathique

[7] Le déiste croit que Dieu existe, mais il rejette toute Révélation et tout concept de Providence. Son Dieu est un Dieu horloger (*clockmaker*) qui, ayant créé le monde, le laisse marcher (*lets it run*) suivant les lois naturelles. Le déiste n'appartient à aucune église organisée.

Je suis...

**La chanteuse Nicole Rieux
a créé : « Je suis... »**

Je suis ruisseau,° fleur, rivière,   brook
Je suis le vent, la pluie,
Je suis l'ombre, la lumière,
Je suis la vie.
Je suis l'ouragan° sur la dune,   hurricane
Je suis une symphonie,
Je suis un noyau de prune,°   **noyau...** plum pit
Je suis l'oubli.°   oblivion

C'est peut-être l'automne,
C'est peut-être l'hiver,
C'est peut-être l'été,
Il fait si chaud.

Je suis l'onde° sur la grève,°   water / shore
Je suis la feuille au gré° du vent,   floating in
Je suis l'ombre des ténèbres,°   darkness
Je suis le temps,
Je suis l'esprit, l'étincelle,°   spark
Je suis l'espace infini,
Je suis la petite abeille,°   bee
Je suis la pluie.

C'est peut-être...

Je suis l'unique, le glorieux,
Je suis la fleur sous les reins,°   **sous...** under your back
Je suis le silence implacable,
Je suis Dieu.

C'est peut-être...

EXERÇONS-NOUS

INDICATIF OU SUBJONCTIF?

Je suis sûr que Dieu **reviendra.**
Je voudrais que Dieu **revienne.**

Le verbe *revenir* est à l'indicatif dans la première phrase, au subjonctif dans la deuxième. Pourquoi? Parce que le groupe verbal *Je suis sûr* veut l'indicatif, parce que le groupe verbal *Je voudrais* veut le subjonctif. (Pour simplifier, nous dirons simplement *verbe* au lieu de *groupe verbal*.) Alors, comment savoir quels verbes veulent le subjonctif? Ce chapitre va vous l'expliquer.

I Indicatif

---

1. **Je crois que** Dieu reviendra.
2. **Il est certain que** Dieu reviendra.

REMARQUEZ
— Ces deux phrases expriment une *certitude* : le verbe *revenir* est à l'indicatif, plus exactement, au futur de l'indicatif.

— La phrase 1 est personnelle et la phrase 2 impersonnelle : ceci n'a aucune importance. Ce qui compte, c'est le sens des verbes *croire* et *Il est certain que*.

— Dans l'exercice qui suit, vous trouverez une liste de verbes exprimant la certitude. Faites spécialement attention à *espérer* et *Il est probable que*.
  • Si vous espérez, c'est que vous êtes presque certain que quelque chose arrivera.
  • Si quelque chose est probable, cette chose est presque certaine.
    Dans les deux cas, l'indicatif est nécessaire.

EXERCICE Sur le modèle suivant, combinez chaque verbe de la colonne de gauche avec l'expression de la colonne de droite qui vous semble appropriée.

MODÈLE : croire   Dieu existe.
     Je crois que Dieu existe.

1. croire	Les jeunes se font moines.
2. penser	Les chimpanzés savent parler.
3. être sûr	Vous avez lu son livre d'un bout à l'autre.
4. Il (*it*) est sûr que	Les examens sont nécessaires.
5. être certain	Il n'y a que des nuances entre les animaux et les hommes.
6. Il est certain que	La science veut aller toujours plus loin.
7. espérer	Il nous dit de construire une société utopique.
8. Il est évident que	L'homme d'aujourd'hui se sent seul.
9. Il est vrai que	L'athéisme est devenu collectif.
10. Il est probable que	L'homme se souvient du passé.
	Les femmes sont aussi intelligentes que les hommes.
	Un agnostique a dit cela.
	La vie obéit aux mêmes lois que la matière inanimée.
	Un enfant peut avoir seulement des professeurs femmes au lycée.
	La frustration du mari détruira l'harmonie du couple.
	Dieu revient.

II Infinitif

---

1. Je veux me **faire** moine.
2. Il est impossible de **comprendre** Dieu.

REMARQUEZ

— Nous verrons dans la section suivante que les verbes *vouloir* et *Il est impossible que* prennent le subjonctif. Cependant, dans ces deux phrases, les verbes *faire* et *comprendre* sont à l'infinitif, et pas au subjonctif. Pourquoi?

— Parce que, dans ces deux phrases, le sujet des deux verbes est le même :
  • *I* want (that) *I* become a monk.
  • Something is impossible for *anybody* : the fact that *anybody* could understand God.

— Conclusion : pour employer le subjonctif, il faut deux conditions :
  • un verbe exigeant le subjonctif (voir la section suivante)
  • un sujet *différent* pour les deux verbes de la phrase

EXERCICE Sur le modèle suivant, combinez chaque verbe de la colonne de gauche avec l'expression de la colonne de droite qui vous semble la plus appropriée. Attention! Après le verbe *vouloir* : pas de préposition; après les autres verbes de cet exercice : préposition *de*.

MODÈLE :   Veux-tu... ?   se faire moine
           Veux-tu te faire moine?

           Il n'est pas possible   aimer son prochain
           Il n'est pas possible d'aimer son prochain.

1. Je veux   sortir de lui-même
2. Est-ce que tu veux... ?   ignorer Dieu
3. Voulez-vous... ?   se sentir vivant
4. Je suis content   croire à quelque chose au-dessus de nous
5. Il (*it*) est possible   se proclamer athée
6. Nous avons peur   construire une société utopique
7. Il regrette   être heureux dans la vie
8. Il (*it*) est impossible   se sentir seul
                                        faire le bien
                                        se souvenir du passé
                                        être charitable
                                        vivre vraiment

III   Subjonctif

A   Verbes de sentiment

---

1. **Je regrette que** l'athéisme **soit** si répandu (*widespread*).
2. **Il est étrange que** le chimpanzés **sachent** parler.

REMARQUEZ   — Les verbes de cette catégorie expriment des sentiments très variés (joie, peur, regret, surprise, etc.).

— Ils exigent le subjonctif dans tous les cas, à la forme positive comme à la forme négative.

— L'exercice qui suit vous permet d'utiliser les plus importants d'entre eux.

EXERCICE Complétez les phrases suivantes en utilisant des expressions de l'exercice de la section I, colonne de droite (p. 99). Attention! avec le verbe *avoir peur de*, le *ne* explétif (*pleonastic ne*) est possible, mais pas nécessaire : j'ai peur qu'il *n'*arrive en retard. On ne traduit pas *ne;* on l'oublie toujours dans la conversation.

MODÈLE :   Il regrette que   les examens sont nécessaires
           Il regrette que les examens soient nécessaires.

1. Je suis heureux que
2. Il n'est pas content que
3. Je regrette que
4. Il (*it*) est regrettable que
5. Je m'étonne que (*I am surprised that*)
6. Tu ne t'étonnes pas que
7. J'ai peur que
8. Il (*it*) est urgent que

B   **Verbes de volonté**

> **Je veux**
> **Je voudrais** } **qu**'il me prenne en auto-stop.
> **Il faut que** la science aille toujours plus loin.

REMARQUEZ   — *Permettre, exiger, défendre, préférer, aimer mieux,* etc. sont encore des façons d'exprimer
              une volonté. Tous ces verbes prennent le subjonctif.
              — Ils peuvent être à la forme positive ou négative, peu importe.

EXERCICE   Complétez les phrases suivantes en utilisant chaque fois un verbe différent. Prenez, si
               possible, des verbes contenus dans les textes de ce chapitre.

MODÈLE :   Dom Bernard voudrait que
           Dom Bernard voudrait que la religion rende les gens heureux.

1. Je voudrais que
2. Est-ce que tu voudrais que... ?
3. Mon père exige que
4. Ma mère ne permet pas que
5. Il ne faut pas que vous
6. J'aime mieux que
7. Les catholiques ne permettent pas que
8. L'Église protestante défend que
9. Il faudrait peut-être que tu
10. Je préfère que mes amis

C   Verbes d'opinion

1. **Je ne crois pas que** Dieu **soit** mort.
2. **Il n'est pas vrai que** Dieu **soit** mort.
3. **Croyez-vous que** Dieu **soit** mort?
4. **Je doute que** Dieu **soit** mort.

REMARQUEZ   — Les phrases 1 et 2 expriment une *certitude négative.*

— La phrase 4 exprime un *doute.*

— La phrase 3 est une question. Si je pose la question, c'est que je ne suis pas sûr : il y a aussi un *doute.*

— En résumé :
   • Quand vous exprimez une opinion positive (voir la section I), il faut l'indicatif.
   • Quand vous utilisez les mêmes verbes, mais à la forme négative ou interrogative, il faut le subjonctif.

EXERCICE   Reportez-vous encore une fois à l'exercice de la section 1 (p. 99) et complétez les phrases suivantes en vous aidant de la colonne de droite de cette section.

MODÈLE :   Je ne crois pas que   les examens sont nécessaires
            Je ne crois pas que les examens soient nécessaires.

1. Il ne croit pas que
2. Vous ne pensez pas que... ?
3. Il (*it*) n'est pas sûr que
4. Tu n'es pas certain que
5. Il (*it*) n'est pas vrai que
6. Il (*it*) est peu probable que
7. Tu ne crois pas que... ?
8. Je doute que

D   Conjonctions

1. Il faut aller à Boquen **avant que** Dom Bernard (ne) **s'en aille** (*leaves*).
2. Il faut aller à Boquen **pendant que** Dom Bernard y **est** encore.

— Certaines conjonctions exigent le subjonctif (phrase 1), d'autres l'indicatif (phrase 2). Le tableau suivant vous donne quelques-unes des plus importantes :

INDICATIF	SUBJONCTIF
quand	avant que (*before*)
aussitôt que (*as soon as*)	jusqu'à ce que (*until*)
après que	pour que (*in order that*)
pendant que	sans que (*without*)
parce que	bien que (*although*)
puisque	pourvu que (*provided that*)
	à moins que (*unless*)

— Certaines conjonctions (*avant que, à moins que*) peuvent amener (*bring*) un *ne* explétif. Il n'est jamais obligatoire : à moins qu'il (ne) vienne.

— Si l'autre verbe de la phrase est au futur de l'indicatif, *quand* et *aussitôt que* exigent aussi le futur :
   • Je partirai quand j'aurai l'argent.
   • Aussitôt qu'il viendra, je partirai.

EXERCICES   1. Complétez les cinq phrases suivantes en choisissant l'expression qui exprime le mieux votre opinion personnelle.

MODÈLE :   Il faut aimer son prochain, bien que   il vous fait du mal
Il faut aimer son prochain, bien qu'il vous fasse du mal.

1. Je veux bien (*agree to*) rencontrer ce moine rebelle, pourvu que
   il sait parler anglais
   il me fait sortir de moi-même
   il a quelque chose d'intéressant à dire
2. Les gens d'aujourd'hui ont l'air de croire en Dieu, bien que
   ils ne savent pas bien qui il est
   il est mort
   ils n'ont pas besoin de l'Église
3. La vie devient vite insupportable, à moins que
   nous prenons le temps de vivre vraiment
   on devient riche et puissant
   vous vous abandonnez aux plaisirs les plus dissolus
4. Luttons jusqu'à ce que
   le royaume de Dieu se construira sur la terre
   la révolution mettra fin à toutes ces inégalités criminelles
   une discipline austère nous apprendra les bienfaits (*blessings*) de l'ordre

5. Si la femme travaille, il faut encourager le mari à faire une partie des travaux ménagers (*share the household tasks*) pour que

elle ne ressent pas une trop grande frustration

elle n'est pas trop fatiguée

la vaisselle sale ne remplit (*fills up*) pas la maison

2. En utilisant des groupes de mots tirés de l'exercice précédent, faites une phrase avec chacune des conjonctions suivantes :

MODÈLE : **Je peux travailler très peu sans que la vie devienne insupportable.**

quand	sans que	avant que	puisque
pendant que	après que	parce que	aussitôt que

IV Nous mélangeons tout

EXERCICE Complétez les phrases suivantes. Attention : parfois il faudra peut-être employez l'indicatif!

MODÈLE : Il est étrange que l'amour
Il est étrange que l'amour vous rende si malheureux.

1. Ils faisaient du bien parce que
2. Je regrette que les femmes
3. Fallait-il vraiment que tu... ?
4. Il est certain que je
5. Nous ne croyons pas que le gouvernement
6. Elle se sentait terriblement seule pendant que
7. Il est triste que nos professeurs
8. Nous le ferons pour que l'humanité
9. Regrettez-vous de... ?
10. Est-il vrai que Dieu... ?
11. J'ai peur que les autorités
12. Il est rare que les plaisirs sensuels

UN PEU DE VOCABULAIRE

1. En vous disant « bonsoir », il vous rend heureux.

— Exprimez *en vous disant « bonsoir »* sans le participe présent. Refaites les deux phrases suivantes en remplaçant un verbe dans chacune par un participe présent :

S'il casse le vieil homme, le chrétien libère l'homme nouveau.
J'ai compris Dom Bernard quand j'ai lu son livre.

— *Il vous rend heureux.* Quelqu'un ou quelque chose peut vous rendre malheureux, confus, triste, fou, malade, etc. Prenez deux de ces adjectifs; avec chacun, faites une phrase contenant (*containing*) le verbe *rendre*.

2. Il demande aux hommes de comprendre que le verbe *être* promet plus de joie que le verbe *avoir*, puisque se sentir vivant, c'est avoir envie d'aimer.

— *Le verbe être... le verbe avoir.* Ici il ne s'agit évidemment pas de grammaire. Alors, que signifient ces deux expressions? Quel contraste établissent-elles?

— Que veut dire *se sentir vivant?* Et *se sentir seul?* Exprimez ces idées d'une autre façon.

3. Autrefois, se proclamer athée, c'était faire sécession, et cela n'allait pas sans risque.

— Que signifie *autrefois?* Dites-le d'une autre façon.

— Quel est le contraire d'*athée?* Et d'*athéisme?*

— Que signifie *cela n'allait pas sans risque?*

— Qu'est-ce que c'est que *faire sécession?* Dites-le d'une autre façon.

4. Un tiers de l'humanité ignore — ou rejette — tout dieu, ce qui ne s'était jamais vu depuis qu'il y a des hommes.

— *Un tiers de l'humanité* : dites cela d'une autre façon.

— Que signifie *ignorer* en français? Attention, c'est un « faux ami » : ce n'est pas l'équivalent du mot anglais *ignore!* Alors, quel substantif correspond à ce verbe? Quel adjectif? Employez *ignorer* dans une phrase.

— Les uns *ignorent* Dieu, les autres le *rejettent.* Quelle différence y voyez-vous?

— *Ce qui ne s'était jamais vu depuis qu'il y a des hommes* : exprimez cela d'une autre façon.

5. Étonnant contraste donc : l'affirmation de la croyance en Dieu se superpose à la réalité d'une civilisation qui se passe de Dieu. Dieu en même temps ressuscité et aboli.

— Donnez un synonyme pour *la croyance.*

— *La croyance se superpose à la réalité* : que signifie *se superpose?* Donnez un exemple.

— *Une civilisation qui se passe de Dieu* : que veut dire *se passer de?* Exprimez cette idée d'une autre façon. Employez *se passer de* dans une phrase.

— *En même temps* : dites cela d'une autre façon.

— *Ressusciter* quelqu'un, qu'est-ce que c'est?

— *Dieu aboli* : que signifie *aboli?* Donnez au moins deux synonymes.

IMAGINONS / DISCUTONS

IMAGE, p. 93

1. Dom Bernard enseigne que le verbe *être* promet plus de joie que le verbe *avoir*.

   — Comment cette idée éclaire-t-elle (*throw light on*) la courte discussion entre les deux jeunes gens et leurs parents vers la fin du premier texte? Que veut la jeune fille, et que lui répond sa mère? Quel malentendu (*misunderstanding*) y a-t-il? Que veut le jeune homme, et quels arguments son père lui oppose-t-il?

   — Comment peut-on caractériser l'attitude de ces jeunes et celle de leurs parents? Qu'est-ce que c'est qu'un altruiste, qu'un égoïste?

   — A votre avis, la différence d'attitude entre ces jeunes et leurs parents se réduit-elle à un conflit de génération (*generation gap*)? Ou est-ce qu'il s'agit d'une différence foncière (*basic*) de tempérament?

   — Est-ce que les jeunes Américains d'aujourd'hui partagent les attitudes de ces jeunes Français? Est-ce qu'ils comprennent cette affirmation : « Tous des mendiants, nous sommes tous des mendiants! » Est-ce que vous la comprenez, vous? Essayez de l'expliquer.

IMAGE, p. 97

2. Dieu, qu'est-ce que c'est pour les gens d'aujourd'hui? Relisez la chanson et le deuxième texte, puis essayez de répondre à cette question.

   — S'agit-il ici du Dieu de la religion traditionnelle? Ou s'agit-il plutôt de déisme (voir la note 7 à la page 96)? Ou de panthéisme? (Panthéisme : doctrine qui identifie Dieu et le monde, qui affirme que Dieu est tout ou que tout est Dieu.)

   — Est-ce un Dieu à qui on adresse des prières? qui intervient dans notre vie pour nous aider ou nous punir? Quel rapport (*relationship*) y a-t-il entre lui et nous? Quels sentiments nous inspire-t-il?

   — La chanson « Je suis... » a eu beaucoup de succès parmi les jeunes Français. Pourquoi, à votre avis?

SUJETS SUPPLÉMENTAIRES

IMAGE, p. 90

1. Devant une librairie (*bookstore*) parisienne, sur le trottoir, ces deux jeunes gens ont dessiné le Christ en croix. Expliquez la légende de l'image.

Le maître spirituel Bhaktivedanta Swami Prabhupada entouré de ses disciples.

2. Depuis quelques années, de nombreux jeunes ont été attirés (*attracted*) par les religions orientales. Si vous connaissez la question, expliquez-en les raisons et discutez-les.

3. « Fêter l'amour, partager, être charitable, faire le bien, aimer son prochain. » C'est ce que disent beaucoup de jeunes. Mais souvent ils ne veulent pas se faire religieux (*become monks and nuns*). Est-ce possible de pratiquer cette morale quand même (*even so*)? Est-ce que certains Américains — jeunes ou pas si jeunes — arrivent à le faire? Est-ce qu'ils vivent seuls ou en commun? Travaillent-ils? Quel genre de travail font-ils? Racontez.

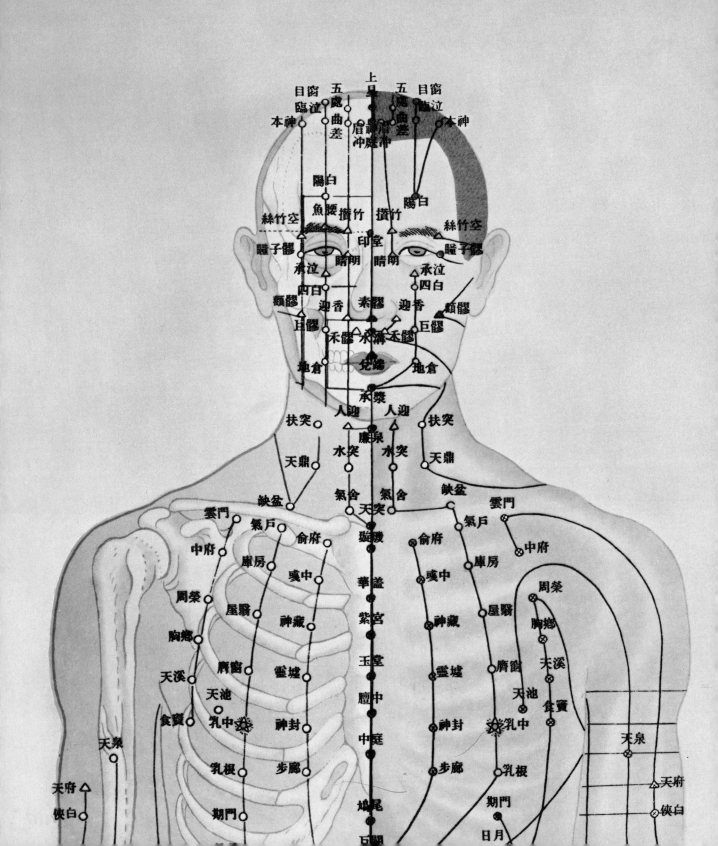

DÉMONS ET SORCIERS

7 *Il serait étonnant que le retour de Dieu ne s'accompagne pas de celui du Diable. Le succès du film américain* The Exorcist *en est la preuve. En France aussi, il y a des exorcistes, l'abbé[1] Debourges par exemple (« Le Sorcier du Bon Dieu »).*

D'autre part, quoi de plus mystérieux, de plus inexplicable que le corps de l'homme? Il y a cinq mille ans, l'acupuncture est née en Chine de cette fascination de l'homme pour son propre corps. Depuis quelques années, les États-Unis comme la France redécouvrent cet art controversé. Les acupuncteurs sont-ils aussi des sorciers (« Les Sorciers des petites aiguilles »)?

---

[1] *Father*

◁ **Pour exorciser les maladies de l'homme, vaut-il mieux (*is it better*) être acupuncteur... ou sorcier?**

L'abbé Debourges prépare de l'eau bénite (*holy water*).

Le Sorcier° du Bon Dieu

sorcerer, wizard

Une lettre : « Monsieur le Curé, je vous remercie pour tout ce que vous faites pour retirer notre Françoise des griffes° de Satan. L'amélioration continue... Le miracle réside surtout dans les nuits calmes... Au mois d'août, il me fallait changer les draps° trois fois par nuit (elle se battait° avec le Diable)... Tous vos conseils seront suivis... »

claws

sheets

se battait was fighting

La lettre porte l'adresse : Abbé Debourges, curé° de La Berthenoux, dans l'Indre, à deux cents kilomètres de Paris. Cinquante-deux ans, quatre-vingt dix kilos,° il est considéré comme l'exorciste officieux° de plusieurs départements. À l'heure où le Vatican vient de supprimer officiellement les exorcistes, il continue plus que jamais à se battre contre Satan.

parish priest

quatre-vingt... 198 pounds

semiofficial

Des gens viennent le voir de partout. Il reçoit dix lettres par jour. Chez lui, le téléphone n'arrête pas de sonner. Sa passion : le Diable, la sorcellerie. Il m'a expliqué tout cela dans son presbytère,° sans doute une des meilleures tables, et sûrement le meilleur café de la région.

rectory

Selon l'abbé, le Diable se manifeste à trois niveaux.

D'abord : maisons hantées, pendules° qui s'arrêtent, bêtes qui meurent, eaux corrompues... Par exemple, il y avait à Bourges une maison toute neuve,° bien construite. Eh bien, il y a eu des coups,° et les portes et les murs se sont lézardés.° Inexplicable. Les gens ont fait reconstruire une maison à Vierzon et le même phénomène s'est reproduit. Les propriétaires° sont venus voir le curé; ils lui ont dit qu'ils étaient victimes d'un sortilège,° qu'ils avaient bu un philtre° quand ils étaient jeunes. Le curé a béni° la maison et le phénomène s'est arrêté. À Limoges, dans un coffre-fort° fermé, les billets de dix mille, cinq mille, mille, se mélangent de façon inexplicable. Dans un petit village, le même camion transporte la même farine° pour deux boulangeries différentes; dans l'une, le pain est pourri° deux fois par mois.

clocks

new

knocks / cracked

owners

spell

potion / blessed

safe

flour

rotten

Deuxième niveau : l'obsession. Ce sont des personnes obsédées par des visions. Une femme, par exemple, voit son mari sous la forme d'un sexe° ou d'un monstre.

Enfin, troisième niveau : la possession. Elle peut être complète ou temporaire. Une personne injurie° Dieu, père, fils et Saint-Esprit, pendant quarante-huit heures. Une autre attaque les prêtres qu'elle rencontre et casse les objets sacrés qui lui tombent sous la main.° Tous ces gens-là finissent par frapper à la même porte : celle de M. le Curé de la Berthenoux.

Son arsenal est traditionnel. D'abord, il cause. Il n'y a pas de divan,° mais des fauteuils confortables. Les gens restent des heures et des heures. Ensuite, l'activité principale consiste à bénir les étables,° les animaux, les maisons, tout. L'eau bénite, telle qu'il la fabrique lui-même, fait peur au Diable. Pour ceux qui sont totalement possédés, il y a le Grand Exorcisme. Ce jour-là, l'église de La Berthenoux est illuminée, ouverte à tous, et le curé appelle à l'aide litanies, prières, oraisons,° évangiles, imposition° des mains, signes de croix, martyres, prophètes, apôtres. Le tout dure une heure, au moins six fois par an.

Ces histoires de sorcellerie font parfois sourire, et l'abbé Debourges est souvent considéré comme un plaisantin.° Ça lui est égal : le Diable existe, il y croit dur comme fer.[2] Évidemment, ce n'est pas un homme noir au front cornu° et aux pieds fourchus.° D'ailleurs, l'abbé a demandé à ses « gars »° du catéchisme° de représenter le Diable. Ils l'ont représenté comme un bel homme costaud,° avec un gros bâton.° Et l'abbé dit que c'est eux qui ont raison. On l'a averti° : « Vous, l'abbé Debourges, vous aurez sûrement un jour la visite du Diable », et il m'a dit : « Vous comprenez que je sois sur mes gardes. » Il a raison aussi : après tout, le Diable, ça pouvait être moi, venu pour écrire cet article, ou bien mon photographe. Il est vrai que nous n'avions pas de gros bâtons. Mais le Diable est si malin[3]...

Adapté d'un article d'Yvon le Vaillant,
Le Nouvel Observateur.

---

[2] *stubbornly* (hard as iron)
[3] *cunning* jeu de mot pour : Le Malin = le Diable

sex organ

insults

qui... that come into her hands

couch

stables

orisons / laying on

joker

au... with horns / cloven
boys / catechism class

husky / stick
warned

**La façon la plus rapide d'exorciser les sorciers :
au seizième siècle, on les brûlait sur la place publique.**

Les spécialistes ont découvert des rapports précis entre les pratiques de la sorcellerie aux seizième et dix-septième siècles et l'usage des hallucinogènes. Avant de s'envoler° pour le sabbat,[4] les sorcières se couvraient le corps d'un onguent° : la drogue qui ouvre le chemin du « voyage »...

fly away

ointment

[4] *witches' Sabbath* : réunion nocturne de sorciers et de sorcières sous la présidence de Satan

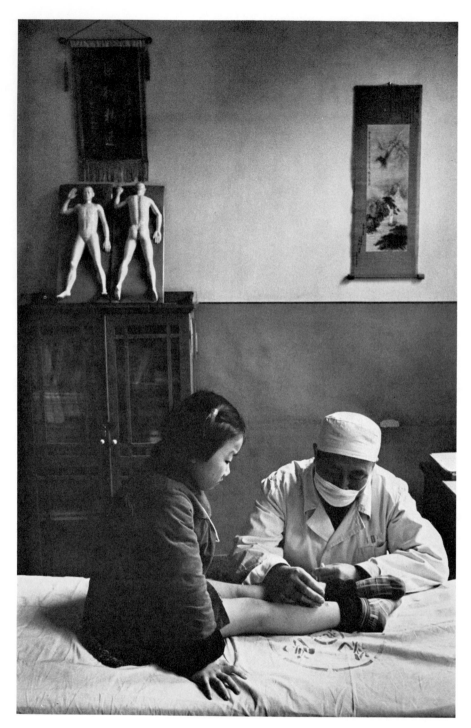

Simple phénomène physique? ou bien la pensée de Mao joue-t-elle un rôle?

Les Sorciers
des petites aiguilles°

needles

Sur le bureau du docteur Darras, j'ai vu une étrange statuette perforée : elle représente la « vérité du corps humain », avec ses points d'énergie vitale, points merveilleux, mystérieux, qui n'ont aucune réalité anatomique, aucune base scientifique, et qui mettent en rage toutes les Académies de l'Occident. Le docteur Darras est vice-président de l'Association Nationale d'Acupuncture.

Si l'acupuncture est née en Chine il y a près de cinq mille ans, elle y fut longtemps interdite° et n'a été réhabilitée qu'il y a peu de temps par Mao. Dans leurs recherches théoriques sur le sujet, les acupuncteurs chinois sont d'ailleurs les premiers à écarter° les références occultes : « les cinq éléments, les six influences, les trois réchauffeurs[5]... » — toutes ces notions persistent seulement dans une partie de la presse occidentale spécialisée, plus « chinoise » que les Chinois. En Chine, on démystifie et on cherche, mais là comme ailleurs, on ne peut faire que des hypothèses :

— Les aiguilles, en touchant certains points du corps, agiraient[6] sur le système nerveux. Cette thèse° compte le plus de partisans.

— L'acupuncture utiliserait l'énergie vitale qui parcourt° points et « méridiens ».[7]

— Une autre théorie a récemment été émise en France : l'acupuncture ne serait qu'une forme particulière de l'hypnose.

banned

discard, reject

theory

flows through

---

[5] réchauffeurs : substances qui réchauffent (*warm up*)
[6] agiraient : *may act*. Ce conditionnel marque l'hypothèse, l'incertitude.
[7] *meridians* : lignes imaginaires sur le corps

C'est l'avis du docteur Escoffier-Lambiotte : « Les acupuncteurs français plantent leurs aiguilles au hasard.° Mais, s'ils l'admettaient, ce serait avouer° que les études qu'ils ont faites, les livres qu'ils ont lus ou écrits ne sont que du vent. » Cependant, la majorité des acupuncteurs français rejettent cette théorie : « Je reviens de Chine où j'ai passé le mois d'août, » dit le docteur Darras. « J'ai vu une infirmière-chef° se faire opérer d'un kyste.° Eh bien, loin d'être sous hypnose, elle dirigeait elle-même son opération. »

Quelles que soient° les théories derrière la réussite,° celle-ci semble incontestable : dix pour cent seulement d'échecs° recensés° pour quatre cent mille opérations. Et pourtant la France, seul pays de l'Occident à posséder une école d'acupuncture, ne reconnaît pas ses « sorciers des petites aiguilles. » L'Académie de Médecine n'admet pas une thérapeutique qui mélange l'énergie vitale, le fluide corporel et la pensée de Mao. Il semble bien, en effet, que les réticences de l'Occident ne puissent pas s'expliquer sans un arrière-plan° politique. Car enfin, que prétendent-ils,° ces Chinois? Un texte officiel, publié à Pékin, est très clair : « La réussite ou l'échec dépend, dans la pratique, de la conscience° idéologique de celui qui utilise la méthode... » Un acupuncteur américain vient de soutenir cette thèse bien malgré lui.° Invité par les Israéliens, il est reparti de Haïfa très vexé. Sur les dix opérations qu'il avait pratiquées, neuf avaient échoué.

« Je ne comprends pas, c'est la première fois que ça m'arrive! » Le *Petit Livre rouge* de Mao n'était probablement pas en vente en Israël!

Adapté d'un article de Patrick Sery,
Le Nouvel Observateur.

au hasard at random
confess

head nurse / **se...** have herself
    operated on for a cyst

Quelles... No matter what /
    success
failures
recorded

background

que... what do they claim

awareness

bien... quite against his will

EXERÇONS-NOUS

LA PHRASE DÉCLARATIVE : RÉVISION (*review*)

Voici sept exemples de phrases déclaratives simples :

1. Le diable est un bel homme.
2. Le diable est très malin.
3. Le diable est sur la terre.
4. Le diable possède la jeune fille.
5. Le diable voyage.
6. Le diable voyage sur la terre.
7. Il y a des maisons hantées.

Le but de ce chapitre : vous montrer comment on peut rendre une phrase déclarative simple plus riche sans la rendre vraiment difficile.

DEUX EXEMPLES

1

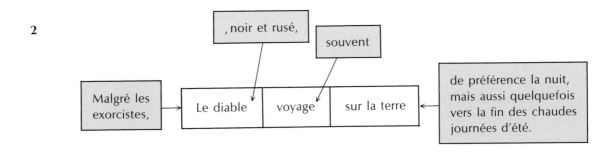

2

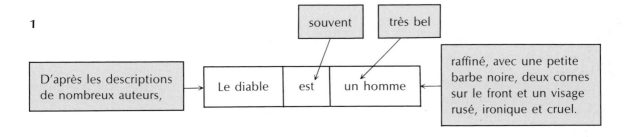

REMARQUEZ — Dans ces deux exemples, nous avons accroché (*attached*) des éléments supplémentaires aux groupes de base : des adjectifs, des adverbes, des groupes prépositionnels.

— *Les groupes prépositionnels* n'ont pas de place obligatoire. On peut dire :
 • D'après les descriptions, le diable est un homme raffiné.
 • Le diable, d'après les descriptions, est un homme raffiné.
 • Le diable est, d'après les descriptions, un homme raffiné.
 • Le diable est un homme raffiné, d'après les descriptions.

— Quelle est la meilleure de ces quatre façons? Celle qui plaît le plus à une oreille française!

— *Les adverbes* se placent en général après le verbe.

— *Les adjectifs* se placent quelquefois avant le nom et quelquefois après.
 • Avant le nom :
 les adjectifs comme *mon, ton, son, ce, chaque,* etc. (voir le chapitre 2)
 premier, deuxième, troisième, vingtième, etc.
 certains adjectifs qualificatifs très communs et très courts :

bon	mauvais
beau	joli
grand	petit
vieux	jeune
nouveau	gentil

 • Après le nom :
 les adjectifs de couleurs et de nationalité
 certains adjectifs descriptifs : des maisons hantées, un homme raffiné, les nuits calmes, etc.
 • Mais il y a bien des exceptions et des cas spéciaux. Vous les apprendrez par l'usage.

EXERCICES 1. Voici une phrase simple, puis (1) une liste de groupes prépositionnels, puis (2) une liste d'adverbes ou d'expressions adverbiales. En vous servant de ces listes, faites dix phrases plus riches que la première.

MODÈLE : L'abbé Debourges se bat contre Satan.
sans arrêt (*without stopping*)   courageusement
Sans arrêt, l'abbé Debourges se bat contre Satan.
L'abbé Debourges se bat courageusement contre Satan.
Sans arrêt, l'abbé Debourges se bat courageusement contre Satan.
L'abbé Debourges, sans arrêt, se bat courageusement contre Satan.

L'abbé Debourges se bat contre Satan.

1	2
avec un grand courage	constamment
avec tous les moyens à sa disposition	résolument
avec de l'eau bénite qu'il fabrique tous les matins	vaillamment
avec une énergie croissante (*growing*)	désespérément
	véhémentement

2. Voici une autre phrase simple, puis cinq listes de mots ou expressions. Enrichissez cette phrase de six façons différentes : en ajoutant d'abord une expression de la liste 1, puis de la liste 2, etc. Dans la dernière phrase, combinez des expressions venant de quatre listes différentes.

MODÈLE :   Je vais faire un voyage.

   1. **Épuisé par mes études, je vais faire un voyage.**

   2. **Je vais faire un voyage audacieux et agréable.**
      ou **Je vais faire un voyage agréable mais pas dangereux.**

   3. **Je vais faire un voyage en avion.**

   4. **Je vais faire un voyage en Italie.**

   5. **L'été prochain, je vais faire un voyage.**

   6. **L'été prochain, je vais faire un voyage en auto-stop, modeste et pas cher, aux environs de New York.**

Je vais faire un voyage.

1	2	3
épuisé (*exhausted*) par mes études	dangereux	en auto-stop
avide d'aventure	passionnant (*exciting*)	à pied
désireux de voir le monde	splendide	à cheval
très fatigué par le climat	difficile	en avion
	audacieux	en auto
	pas trop long	par le train
	agréable	
	modeste	
	pas cher	
	prudent	
	sans risque	

4	5
au Mexique	pendant les vacances prochaines
en Europe	l'année prochaine
au Canada	à partir de demain
en Italie	au mois d'août
au bout du monde	le plus tôt possible
aux environs de New York	l'été prochain
dans le Colorado	

3. Voici sept phrases correspondant aux sept exemples donnés à la page 117. Essayez d'enrichir chacune de ces phrases de trois façons différentes au moins. Si les mots ne vous viennent pas tout de suite, consultez le chapitre indiqué, où vous trouverez du vocabulaire utile.

   1. Le chimpanzé est un animal. (chapitre 5)
   2. Les examens sont injustes. (chapitre 2)
   3. Les touristes sont sur une plage. (chapitre 1)
   4. Ce moine vit sa foi. (chapitre 6)
   5. Les femmes travaillent. (chapitre 4)
   6. Le stoppeur attend près de la route. (chapitre 1)
   7. Il y a des sorciers. (chapitre 7)

4. Inventez vous-même trois phrases simples sur le modèle de trois des phrases de l'exercice précédent, et enrichissez-les de toutes les façons possibles.

UN PEU DE VOCABULAIRE

1. À l'heure où le Vatican vient de supprimer officiellement les exorcistes, l'abbé Debourges continue plus que jamais à se battre contre Satan.
   — Que veut dire *supprimer?* Donnez au moins deux synonymes.
   — *Le Vatican vient de supprimer les exorcistes* : dites cela d'une autre façon.
   — *Officiellement* : l'abbé Debourges est un exorciste *officieux* plutôt qu'*officiel*. Quelle différence y a-t-il?
   — *Il continue plus que jamais* : exprimez cela d'une autre façon. Employez *plus que jamais* dans une phrase.
   — *Il continue à se battre* : employez *continuer à* dans une phrase.
   — Donnez au moins deux synonymes de *se battre contre*.
   — Que veut dire *battre* tout seul : *battre un chien, battre un tapis* (rug)?

2. Ces histoires de sorcellerie font parfois sourire et l'abbé Debourges est souvent considéré comme un plaisantin.
   — Qu'est-ce que c'est que *la sorcellerie?* (être associé au Diable, etc.)
   — Et qu'est-ce que c'est qu'une *sorcière?* Il y a la chasse au lion, la chasse au renard (fox); alors, qu'est-ce que c'est que *la chasse aux sorcières?*
   — Donnez un synonyme de *parfois*.

— *Ces histoires font sourire* : dites cela d'une autre façon. Dites que cette histoire vous fait sourire, vous. Puis, dites que cette histoire fait sourire vos amis.

— Qu'est-ce que c'est qu'un *plaisantin*? Qu'est-ce qu'il cherche à faire? Dans quel but?

3. En Chine, on démystifie et on cherche, mais là comme ailleurs, on ne peut faire que des hypothèses.

— Que veut dire *démystifier*? (le mystère)

— Que signifie *ailleurs*?

— *On ne peut faire que des hypothèses* : exprimez cette même idée sans *ne...que*.

— Qu'est-ce que c'est qu'une *hypothèse*? Expliquez.

4. La réussite ou l'échec dépend, dans la pratique, de la conscience idéologique de celui qui utilise la méthode.

— Donnez un synonyme de *réussite*. Quel est son contraire?

— Qu'est-ce que cela veut dire, si une chose *dépend* d'une autre?

— Quel est le contraire de *la pratique*? Et qu'est-ce que c'est que *pratiquer la vertu*, *pratiquer la médecine*?

— Qu'est-ce que c'est que la conscience idéologique de quelqu'un?

— Donnez un synonyme d'*utiliser*.

IMAGINONS / DISCUTONS

IMAGE, p. 110

1. L'abbé Debourges : exorciste ou plaisantin?

— Pour quelle sorte d'activité l'abbé Debourges est-il célèbre?

— Selon l'abbé, le Diable se manifeste à trois niveaux. Citez-les et donnez des exemples pour chacun.

— Quels moyens l'abbé emploie-t-il pour combattre le Diable?

— En quoi consiste le Grand Exorcisme?

— Certaines gens ne prennent pas tout cela au sérieux. Comment l'abbé est-il considéré par eux?

— Quelle est sa réaction?

— Pourquoi l'abbé est-il sur ses gardes?

— Sur quel ton l'article conclut-il? Quelle attitude le journaliste révèle-t-il ainsi?

— Et vous, que pensez-vous de tout cela? Croyez-vous à la valeur de l'exorcisme? Pourquoi? Sinon, comment expliquez-vous ces phénomènes bizarres que raconte l'abbé Debourges?

2. La superstition et vous. Quand vous étiez enfant, vous aviez probablement certaines croyances superstitieuses.

— Est-ce que vous marchiez toujours sur les lignes du trottoir (*pavement*) ou au contraire est-ce que vous les évitiez?

— Évitiez-vous les échelles (*ladders*)? Pourquoi?

— Évitiez-vous certains animaux? Lesquels?

— Croyiez-vous à des chiffres, des couleurs, des objets, des jours, qui portaient bonheur ou malheur? Expliquez.

— Est-ce que vous avez gardé certaines de ces superstitions?

— Est-ce que vous croyez aux astrologues et aux diseuses de bonne aventure (*fortune-tellers*)?

SUJETS SUPPLÉMENTAIRES

IMAGE, p. 113

1. L'encadré (*box*) établit un rapport entre l'onguent des sorcières et la drogue qu'utilisent beaucoup de jeunes aujourd'hui. Essayez d'expliquer les ressemblances et les différences.

IMAGES, pp. 108, 114

2. Avez-vous une opinion sur l'acupuncture? Laquelle des théories données dans le texte vous semble-t-elle la plus probable?

IMAGE, p. 123

3. Croyez-vous au « fluide » de Belinda? et de façon plus générale, aux pouvoirs surnaturels de certaines personnes?

La petite Belinda Hart, à l'aide d'un fluide mystérieux, plie toutes les cuillers et les fourchettes de la famille, sans les toucher.

LES CLÉS DU BONHEUR

8 *Le bonheur, c'est quelque chose qu'il est plus facile de ressentir que d'expliquer. On est heureux ou on ne l'est pas, voilà tout. Si on cherche bien, on constate cependant qu'il est fait d'éléments positifs (santé, amour, etc.) mais aussi de l'absence d'éléments négatifs (peur de la violence, de la guerre, etc.). Et ce qu'a découvert une enquête récente, c'est que la plupart des éléments positifs sont de caractère privé, alors que[1] la plupart des éléments négatifs sont de caractère public (« Malheur public, bonheur privé »). Et si, comme tout le monde, vous désirez savoir si vous serez heureux (heureuse) avec votre partenaire, faites notre petit jeu-test... et, pourquoi pas, faites-le-lui faire[2] aussi (« Êtes-vous faits l'un pour l'autre? »).*

---

[1] alors que : *whereas*
[2] faites-le-lui faire : *have him/her take it*

Malheur public, bonheur privé

(Le magazine français *Le Nouvel Observateur* a récemment fait une enquête sur le bonheur. Les réponses à trois des questions posées nous ont paru particulièrement significatives.)

Tableau 1

Pour vous, le bonheur est-il lié° avant tout...		
	Réponse citée en premier :	Réponse citée en premier ou en second :
à la santé?	47%	70%
à l'amour?	18	34
à l'amitié?	11	27
à une vie dans une société juste et harmonieuse?	11	25
à la sécurité?	5	19
à la réussite professionnelle?	4	18
à la richesse?	1	4
Sans opinion	3	4
	= 100%	

linked

Tableau 2

Qu'est-ce qui vous fait particulièrement peur dans notre société?	
La violence des jeunes et leur perte° de sens moral?	37%
La guerre, la bombe atomique?	36
L'insécurité (emploi, revenu, avenir des enfants, retraite°)?	29
Les accidents de la route?	16
L'agressivité dans les rapports sociaux (solitude, jalousie, mauvaise foi, compétition)?	14
La pollution?	11
La maladie (et notamment le cancer)?	8

Note : Le total est supérieur à 100%, certains interviewés ayant donné plusieurs réponses.

loss

retirement

Regardez ces deux tableaux : dans le premier, les Français classent les éléments nécessaires à leur bonheur; dans le second, ils énumèrent leurs terreurs. Quelque chose nous frappe° tout de suite : au premier rang° des conditions du bonheur, et de loin, la santé; au dernier rang des craintes,° la maladie! De même, la paix n'apparaît pas dans les voeux° que les Français expriment, mais la guerre et la bombe leur font vraiment peur.

Inconséquence?° Pas forcément. Ces distorsions montrent d'abord que le bonheur, pour les Français, c'est le bonheur privé. Le bonheur? « C'est le mari, le gosse,° la santé et pas trop de soucis° financiers » dit une femme. Et un homme en écho : « La femme, les gosses, les vacances. » Quand il s'agit, en revanche,° d'établir la liste des craintes, l'horizon s'élargit à la nation, et même au monde. Rares sont les gens qui mentionnent des peurs de caractère privé, comme la solitude. Même la terrifiante image du cancer ne vient qu'au dernier rang de cette liste noire. Mais on y voit au premier plan l'agressivité juvénile, la guerre, la bombe

strikes
rank
fears
desires

An inconsistency?

kid
worries
en revanche on the other hand

atomique... Comme si le malheur, précisément, ne pouvait être que cela : l'irruption de la vie publique dans la vie privée.

Ce qui le confirme encore, c'est le point sur lequel ces deux listes si différentes sont en accord total : la sécurité. Elle apparaît, dans la première et dans la seconde, comme une crainte majeure. C'est que le thème conjugue° le caractère personnel du bonheur (santé, amour, famille) avec le caractère social du malheur (guerre, chômage,° pollution). À la jonction des deux, il y a la sécurité matérielle, source de bonheur privé, mais à la merci des malheurs publics.

combines

unemployment

Tableau 3

À votre avis, dans lequel des pays suivants les gens sont-ils le plus heureux? Les Français répondent :	
Suisse	43%
États-Unis	12
Suède	12
Îles du Pacifique	10
U. R. S. S.	2
Chine	1
Sans opinion	20
	= 100%

Là, il y a quelques surprises... Les îles ont toujours du succès : les îles du Pacifique — il y a un Français sur dix pour y placer le bonheur, malgré les essais nucléaires en Polynésie — mais aussi cette autre île pacifique qu'est la Suisse, ce vieux refuge de sérénité au milieu des tempêtes européennes.

L'Amérique n'est plus un mirage : 12 pour cent, à égalité avec la Suède... Mais il n'y a match nul° qu'en apparence : si on est

match nul a tie

ouvrier, employé ou cadre,° si on vôte à gauche, on est tenté par executive
le modèle suédois.

Attirés par l'Amérique : les femmes, les vieux et les paysans.
Désolé pour les Américains! Ils peuvent toujours penser que
l'enquête a été mal faite ou qu'elle n'est plus à jour°...   **à jour** up to date

Adapté d'un article de Jacques Ozouf, *Le Nouvel Observateur.*

Le bonheur, c'est regarder dans la même direction.

Un Jeu-test :
êtes-vous faits l'un pour l'autre?

Comment le savoir? À votre question, la raison ne peut apporter aucune réponse. Le coeur non plus : la chose le touche de trop près. Alors, dit la psychanalyse, il faut faire appel à l'inconscient.°   unconscious
Il est le seul à ne pas mentir.

Voici donc deux séries de trois dessins. Ces deux séries touchent au problème du bonheur.

Règle du jeu : dans chaque série, choisissez le dessin qui, à votre avis, répond le mieux à la question. Reportez-vous° ensuite,   refer
mais ensuite seulement (ne trichez° pas!) aux pages 131 à 134, où   cheat
vous trouverez des commentaires sur votre choix.

Si vous avez un (ou une) partenaire, faites-lui faire ce même petit jeu, puis confrontez vos choix et tirez vous-même les conclusions, si vous le pouvez... Sans oublier que tout ceci est un jeu, et rien qu'un jeu!

PREMIÈRE SÉRIE : Laquelle de ces trois clés préférez-vous?

  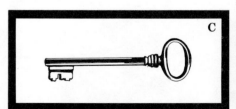

DEUXIÈME SÉRIE : Ces trois dessins évoquent le bonheur. Lequel préférez-vous?

PRÉMIÈRE SÉRIE

Dessin A Cette clé, ouvragée,° lourde, ancienne, est la projection de problèmes sexuels importants, datant de l'enfance ou de la puberté. Un attachement au parent de l'autre sexe a provoqué des conflits inconscients qui ne sont pas résolus. La sexualité ne s'est pas encore exprimée librement, mais les impulsions sexuelles sont violentes, désordonnées, et peuvent devenir angoissantes.°

elaborate

distressing

Vous avez choisi ce dessin C'est sans doute l'indice° d'un manque° de maturité, souvent compliqué par une certaine sensualité. Cette dernière peut conduire à des expériences décevantes° et à un sentiment de frustration. Il est possible aussi que vous soyez dans une situation d'attente° et que l'anxiété qui vous habite ait un caractère tout à fait provisoire.°

indication
lack

disappointing
anticipation
temporary

Dessin B Cette petite clé de verrou,° plate° et discrète, est sans doute la projection d'une sexualité en partie refusée. Les impulsions ont été refoulées° sous l'effet d'événements inconscients. Les conflits sont niés.° Les tensions restent cachées, secrètes. Elles sont cependant responsables, parfois, de certaines déviations et peuvent provoquer l'impuissance° ou la frigidité. Il peut s'agir aussi de la projection d'une situation affective° difficile ou même ambiguë, d'une double vie, par exemple, ou d'une liaison ignorée de l'entourage.°

clé... latchkey / flat

repressed

denied

impotence
emotional

ignorée... unknown to those who are close to you

Vous avez choisi ce dessin C'est l'indice que la sexualité est pour vous un domaine — en partie ou en totalité — interdit° ou bien une activité coupable.° Il vous faudra traverser une crise pour parvenir à l'équilibre.°

forbidden
guilty
parvenir... attain equilibrium

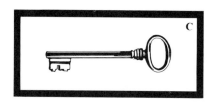

Dessin C La clé, toute simple, du dessin est la projection d'une sexualité intégrée qui a trouvé sa place dans les structures de la personnalité. Les conflits de l'enfance et de l'adolescence sont résolus ou en voie de° l'être. La sexualité s'exprime librement. Elle est parfois cependant sublimée° — dans une phase d'attente par exemple — c'est-à-dire déviée° vers d'autres buts, artistiques, intellectuels, sportifs...

en... in the process of
sublimated
diverted

Vous avez choisi ce dessin C'est l'indice d'une sexualité équilibrée, ou du moins la projection d'un désir de stabilité, d'équilibre dans ce domaine.

DEUXIÈME SÉRIE

Dessin A   Le feu est le symbole de ce qui est interdit, inconscient, refoulé. Ce qui réunit les deux jeunes gens du dessin, c'est donc moins la vie et le goût° d'un avenir à deux que la découverte et la contemplation de leur personnalité secrète. Leurs difficultés psychologiques les fascinent et les immobilisent.

desire

Vous avez choisi ce dessin   Votre préférence trahit° l'importance, consciente ou non, de vos problèmes affectifs et la peur qu'ils vous inspirent.

betrays

Dessin B   La voiture représente le mouvement, l'agressivité, la curiosité de l'avenir. Mais c'est aussi l'instrument d'une fuite.°

flight, escape

Les deux jeunes gens du dessin tournent le dos à leurs difficultés affectives, à leur personnalité profonde et en partie inconsciente. Leur dynamisme ne va pas sans une certaine angoisse.

Vous avez choisi ce dessin   Votre choix est l'indice d'un refus. Refus des difficultés psychologiques que vous avez héritées de votre enfance. Refus également, sans doute, des responsabilités familiales, peut-être même de la procréation. Mais cette attitude est équilibrée par une grande faculté d'adaptation au milieu social.

Dessin C   Il représente la maturité, l'équilibre. Les deux jeunes gens du dessin ont trouvé à° employer leur agressivité naturelle, à orienter leur dynamisme. La structure familiale est mise en place. Elle est stable, dépourvue° de fortes tensions. Les difficultés affectives ne sont pas ignorées, mais elles ne sont pas obsédantes.

ont... have found a way to

devoid

Vous avez choisi ce dessin   C'est l'indice d'une bonne adaptation au milieu familial et social. Mais il peut être aussi la projection d'un désir d'équilibre, si vous traversez actuellement° une période de conflits psychologiques. Dans les deux cas, c'est le témoignage° d'une répartition réfléchie° entre votre vie affective et vos préoccupations intellectuelles, professionnelles ou pratiques.

currently

evidence / **une...** a thoughtful distribution

Adapté d'un jeu-test de Jean-Marc de Foville, dessins de Berthet, *Parents*.

EXERÇONS-NOUS

LA PHRASE INTERROGATIVE

Un philosophe a dit que l'important, dans la vie, ce n'est pas de trouver les bonnes réponses, mais de savoir poser les bonnes questions. Il est d'ailleurs logique de répondre parfois à une question par une autre question : « Êtes-vous heureux? » — « Mais qu'est-ce que c'est que le bonheur? » Ce chapitre fait le point sur (*gives a picture of*) les différentes façons de poser des questions, ou, en termes plus grammaticaux, sur les différentes phrases interrogatives.

On classe les phrases interrogatives suivant (*according to*) la réponse attendue. Voici les principales catégories :

▌ Réponse : oui / non

— Voici deux phrases déclaratives :

Vous êtes heureux.
Pierre est heureux.

— Les trois formes possibles de phrases interrogatives :

Vous êtes heureux?
Est-ce que vous êtes heureux?
Êtes-vous heureux?
Pierre est heureux?
Est-ce que Pierre est heureux?
Pierre est-il heureux?

REMARQUEZ — ⎰ Pierre *est-il* heureux?
⎱ Pierre *comprend-il* son bonheur?

— Remarquez le trait d'union (*hyphen*) après le *t* et le *d*. Si le verbe se termine par une autre lettre, il faut ajouter un *t* et il faut deux traits d'union : Pierre regrette-t-il son bonheur?

Transformez chacune des phrases déclaratives suivantes en phrase interrogative (trois formes chaque fois).

MODÈLE :   Les réponses vous frappent tout de suite.
   Les réponses vous frappent tout de suite?
   Est-ce que les réponses vous frappent tout de suite?
   Les réponses vous frappent-elles tout de suite?

1. Le bonheur est lié avant tout à la santé.
2. La guerre faisait vraiment peur aux Français.
3. Vous êtes faits l'un pour l'autre.
4. Vos impulsions ont été refoulées.
5. La sexualité est une activité coupable.

II   Réponse : un groupe du nom

A

	PERSONNE	CHOSE
SUJET	Qui est-ce qui? Qui? } (who?)	Qu'est-ce qui? (what?)
OBJET DIRECT	Qui est-ce que? Qui? } (whom?)	Qu'est-ce que? Que? } (what?)

REMARQUEZ — Comparez les réponses aux deux phrases suivantes :
   • Qui est-ce qui fait le plus peur aux Français? Le gendarme.
   • Qu'est-ce que les Français aiment le plus? Le bon vin.

— *Le gendarme* est un groupe du nom *sujet*. (Phrase complète : *Le gendarme* est ce qui fait le plus peur aux Français.) *Le bon vin* est un groupe du nom *objet*. (Phrase complète : Les Français aiment le plus *le bon vin*.)

— Il y a deux formes (forme longue et forme courte) dans tous les cas sauf dans celui qui correspond à *what?* sujet de la phrase.

EXERCICES   1. Posez une question avec six des verbes suivants en employant *qui est-ce qui / qui* ou *qu'est-ce qui*. Répondez vous-même à chaque question.

MODÈLE :   rendre heureux
   Qu'est-ce qui vous rend heureux?
   La musique.   ou **La musique me rend heureux.**

rendre heureux	fasciner	inquiéter
faire peur à	immobiliser	faire sourire
ennuyer	inspirer	obséder

2. Posez une question avec six des verbes suivants en employant *qui est-ce que / qui* ou *qu'est-ce que / que*. Répondez vous-même à chaque question.

MODÈLE : estimer
Qui estime-t-il?
Ses professeurs, bien sûr!
ou **Il estime ses professeurs, bien sûr!**

regarder fixement	scandaliser	attendre avec impatience
vouloir supprimer	estimer	critiquer vivement
mépriser (*scorn*)	détester le plus	vouloir connaître mieux

B **Un Emploi particulier de *qu'est-ce que?***

1. **Qu'est-ce que c'est qu'**un athée?
2. **Qu'est-ce qu'**un athée?

REMARQUEZ
— La phrase 1 correspond à la façon habituelle de demander la définition d'une chose ou d'une catégorie de personnes qu'on ne connaît pas.
— La phrase 2 est employée dans le même but, mais elle est un peu plus formelle.

EXERCICE Demandez la définition de cinq des mots suivants. Ensuite, donnez vous-même cette définition.

MODÈLE : un philtre
Qu'est-ce que c'est qu'un philtre? ou **Qu'est-ce qu'un philtre?**
Un philtre est une boisson (*drink*) faite pour inspirer l'amour ou quelquefois la haine.

1. une enquête
2. le bac
3. un exorciste
4. le raid
5. un cloître
6. un chimpanzé
7. un sortilège
8. un auto-stoppeur
9. la psychanalyse
10. un symbole

III   Réponse : un groupe prépositionnel ou un adverbe

A

> 1. **Avec qui** partez-vous en voyage?
>   — Avec ma soeur Jacqueline.
> 2. **Avec quoi** allez-vous construire votre maison?
>   — Avec du bois et des pierres.

REMARQUEZ

— *Qui* s'emploie pour une personne, *quoi* pour une chose.

— Dans les phrases 1 et 2, *avec qui* et *avec quoi* sont au début de la phrase. On peut aussi les mettre à la fin de la phrase, en supprimant l'inversion du verbe et du sujet :
  - Vous partez en voyage avec qui?
  - Vous allez construire votre maison avec quoi?

— Les autres prépositions s'emploient de la même façon : à, de, sur, pour, etc.
  - Pour qui les îles du Pacifique sont-elles importantes?
  - Les îles du Pacifique sont importantes pour qui?

EXERCICE

Posez une question avec six des verbes suivants en employant *qui* ou *quoi* avec une préposition. Répondez vous-même à chaque question.

MODÈLE :   faire appel à
À quoi font-ils appel?
Ils font appel à l'inconscient.

avoir peur de	tourner le dos à
avoir besoin de	être obsédé par
dépendre de	avoir honte de (*be ashamed of*)
il s'agit de	
faire appel à	
se battre contre	

B

> **Où** allez-vous? — À Paris.
> **Quand** part-on? — Demain.
> **Comment** va-t-on voyager? — En bateau.

REMARQUEZ

— Comme dans la section précédente, on peut mettre aussi les interrogatifs à la fin de la phrase : Vous allez où? On part quand? On va voyager comment?

138

EXERCICE   Posez de deux façons une question relative au bonheur, avec chacun des mots : où, quand, comment. Ensuite, répondez-y.

MODÈLE :   **Où pensez-vous pouvoir trouver le bonheur?**
Vous pensez pouvoir trouver le bonheur où?
Dans une île du Pacifique.

IV   Réponse : un groupe de l'adjectif

> **Comment est** ton (ta) camarade de chambre? — Complètement idiot(e).
> **Comment sont** tes parents? — Très libéraux.

REMARQUEZ   — On peut dire aussi : Ta petite amie est comment?

— Les adjectifs s'accordent (*agree*) avec le sujet exactement comme dans une phrase déclarative : Mes parents sont très libéraux.

EXERCICE   Posez une question avec *comment* sur les sujets proposés. Répondez à chaque question en employant un des adjectifs de la colonne de droite, ou un autre de votre choix. Attention : votre professeur peut vous demander de justifier vos réponses!

MODÈLE :   la télévision en Amérique
Comment est la télévision en Amérique?
Affreuse. (*awful*)
Pourquoi?
Les programmes sont de mauvais goût.
ou **Il y a trop de violence.**

1. la condition de la femme aujourd'hui	absurde
2. l'auto-stop aux États-Unis	insupportable
3. la jeunesse contemporaine	fatigant
4. les écoles de nos jours	ennuyeux
5. ton patron (*boss*)	dangereux
6. vos amis	facile
7. les examens ici	superficiel
8. le Diable, selon l'abbé Debourges	difficile
9. la vie en Amérique	affreux
10. ton père	injuste
	sympathique
	intelligent
	rusé (*cunning*)
	tourmenté

UN PEU DE VOCABULAIRE

1. Quelque chose nous frappe tout de suite : au premier rang des conditions du bonheur, et de loin, la santé; au dernier rang des craintes, la maladie!

   — *Quelque chose nous frappe* : dites cela d'une autre façon. (remarquer, attirer l'attention)

   — Ici le verbe *frapper* s'emploie au sens figuré. Donnez un synonyme de *frapper* quand il s'emploie au sens propre.

   — Que signifie *rang* au sens propre : *un rang d'arbres, un rang de soldats?*

   — *Bonheur, santé* : quels adjectifs correspondent à ces substantifs? Donnez les contraires de ces deux adjectifs.

   — *Au premier rang, et de loin* : que veut dire *de loin?*

   — Donnez un synonyme du mot *crainte.*

2. Quand il s'agit, en revanche, d'établir la liste des craintes, l'horizon s'élargit à la nation, et même au monde.

   — Donnez un synonyme de *en revanche.*

   — *L'horizon s'élargit à la nation* : dites cela d'une autre façon. Que signifie l'adjectif *large* en français : *une avenue très large, un homme aux épaules (shoulders) larges?* (Attention : ce n'est pas l'équivalent du mot anglais *large,* qui correspond à l'adjectif français *grand.*) Quel est donc le contraire de *large?*

3. Un attachement au parent de l'autre sexe a provoqué des conflits inconscients qui ne sont pas résolus.

   — Que signifie *attachement?*

   — *Provoquer un conflit,* qu'est-ce que c'est? Donnez un exemple.

   — Qu'est-ce que cela veut dire, *un conflit inconscient?* Expliquez.

   — Et un conflit qui n'est pas *résolu? Résoudre un conflit, un problème,* qu'est-ce que c'est?

4. Il vous faudra traverser une crise pour parvenir à l'équilibre.

   — *Il vous faudra traverser une crise* : dites cela d'une autre façon. Puis, employez *il me faudra* dans une phrase.

   — Qu'est-ce que c'est que *traverser une crise?* Expliquez. (une phase décisive)

   — Que signifie *parvenir?* Donnez un synonyme.

   — Qu'est-ce que c'est que *l'équilibre?* Qu'est-ce qui arrive si une personne ou un objet *se tient en équilibre* ou s'il *perd l'équilibre?* (un état de repos, des forces opposées)

5. Leur dynamisme ne va pas sans une certaine angoisse.

   — Que veut dire *dynamisme?* Donnez des synonymes. Quel adjectif correspond à ce substantif?

   — Qu'est-ce que c'est que *l'angoisse?* Citez des exemples.

IMAGINONS / DISCUTONS

IMAGES, pp. 124, 129

1. Le bonheur, les craintes. Reprenez les tableaux 1 et 2. Dans chacun, indiquez l'ordre d'importance que vous donnez aux sept réponses suggérées.

— Expliquez pourquoi vous avez mis certaines réponses en tête de liste et d'autres vers la fin.

— Tirez vous-même des conclusions sur votre conception du bonheur et sur ce qui vous fait peur.

— Si les tableaux ont laissé de côté (*omitted*) des éléments de bonheur ou des terreurs que vous croyez importants, indiquez-les et expliquez leur importance.

LES SIX DESSINS, pp. 130, 131

2. Les six dessins : simple jeu ou voix de l'inconscient?

— À quelle question ce jeu-test prétend-il (*claim*) répondre?

— Ce test ne fait appel ni au coeur ni à la raison; pourquoi pas? Alors, sur quoi est-il basé?

— Comment sont les trois clés? Faites la description de chacune d'entre elles.

— Voyez-vous des correspondances entre les dessins et leur interprétation psychanalytique? Lesquelles?

— Quel dessin avez-vous choisi dans la deuxième série? Est-ce que l'interprétation donnée vous semble s'appliquer à votre cas? Discutez.

— Est-ce que toutes ces interprétations psychanalytiques vous semblent gratuites (*gratuitous*)? Ou au contraire en acceptez-vous les résultats? Pourquoi? Pourquoi pas?

SUJETS SUPPLÉMENTAIRES

1. « Le bonheur, pour les Français, c'est le bonheur privé ». Et pour les Américains? Discutez.

2. L'expression qui caractérise l'image p. 129 : « dans la même direction ». Êtes-vous d'accord? Expliquez.

LES FRUSTRÉS par Claire Bretecher

LA VIOLENCE

9 Manger de la chair[1] humaine, celle d'un ennemi vaincu par exemple, est-ce vraiment si terrible? Peut-être pas, si l'on en croit du moins la façon dont la future victime s'adressait à son futur « mangeur » : « J'arrive, moi, ta nourriture future! » Il est vrai que c'était au seizième siècle chez les Indiens Tupinambas. Qui donc a dit que les sauvages n'étaient pas polis? (« Et tu mangeras ton frère »).

Le psychologue américain Milgram a mis face à face deux groupes d'hommes, et il a essayé de savoir jusqu'à quel point les membres du premier allaient accepter de faire souffrir ceux du second... (« Nous sommes tous des bourreaux »).

---

[1] *flesh*

Et tu mangeras ton frère

Rappelez-vous : un certain jour d'octobre, l'avion qui transporte les rugbymen uruguayens, leurs familles et leurs amis, s'écrase° dans la Cordillère des Andes. Quatre mille mètres d'altitude, aucun secours° à espérer. Après les vivres° qui sont à bord de l'avion, on mange les racines,° et après les racines...

Au repas du soir, toutes les familles « civilisées » (puisqu'elles sont assises devant leur poste de télévision) discutent avec mesure le problème de la consommation de chair humaine. « Valait-il mieux seize cadavres ou seize cannibales? » Et une immense majorité s'accorde pour dire qu'il est raisonnable d'absorber son prochain en cas de besoin.

Est-ce donc la fin d'un des tabous les plus formidables de l'histoire de l'humanité? Il est difficile de le prétendre,° car le problème du cannibalisme, c'est un peu plus compliqué que le souper des Andes.

Freud nous apprend, par exemple, que le cannibalisme existe dans nos sociétés civilisées, au moins sous forme de fantasmes.° Il le définit comme « absorption du même », ou encore comme « inceste alimentaire ». Mais chez nous, pour que le fantasme devienne acte, il faut crise, désespoir, misère collective ou individuelle. La chose est tellement rare que la loi française ne prévoit même pas l'infraction!°

Nous savons aussi que le « cannibalisme de pénurie »° a peu de chose à voir avec le véritable cannibalisme. Celui-ci° s'organise toujours en institution. Il a ses codes, ses protocoles, que personne n'oserait transgresser. Les « cannibales militants » n'ont que dédain pour ceux qui consomment les hommes sans se plier° aux lois cannibaliques...

crashes

help / supplies
roots

maintain

fantasies

offense
scarcity, want
The latter

conforming

Le plus bel exemple en est probablement celui des Tupinam-bas du Brésil au seizième siècle. Les chroniqueurs jésuites nous apprennent qu'ils ont absorbé en un siècle près de soixante mille Indiens Chané, mais avec quelle cérémonie chaque fois!

Les prisonniers, accueillis° par les femmes en pleine jubila-tion, savent ce qui les attend. « J'arrive, moi, ta nourriture future! » déclaraient-ils rituellement. Pendant des mois, des années même, ces hommes sont traités avec distinction. Ils reçoivent une épouse° et des armes. Ils ne sont même pas surveillés,° pour la bonne raison que leur propre tribu ne leur accorderait pas asile° s'ils essayaient d'y retourner. Et puis un jour, après une fête splendide... Passons sur les détails!

Bien sûr, les missionnaires firent ce qu'ils purent pour mettre fin à ce scandale, mais... « Qui mange ma chair et boit mon sang aura la vie éternelle, car ma chair est vraiment une nourriture... »

Heureusement que les Tupinambas ne savaient pas lire! Car comment leur expliquer que ce n'était pas la même chose?

welcomed

wife
watched
asylum

Adapté d'un article de Gilles Lapouge, *La Quinzaine Littéraire,* et de Jean-François Held, *Le Nouvel Observateur.*

L'un des survivants (*survivors*) a pris cette photo.

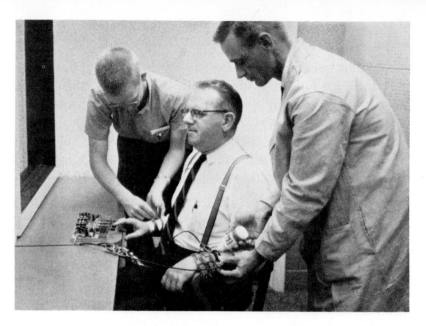

Nous sommes tous des bourreaux° <small>executioners</small>

Le professeur Konrad Lorenz, savant autrichien, prix Nobel 1973
de médecine et de physiologie, exprime ainsi son credo : « Quatre
pulsions° majeures commandent le comportement° de toutes les   *instincts / behavior*
espèces° : la faim, la peur, le sexe et l'aggressivité. » Toutes les   *species*
espèces? Mettre sur le même plan l'homme et les animaux? Les
uns et les autres se battent pour survivre, pour conquérir leur
femelle, pour dominer leurs semblables.° Mais les hommes vont   *fellows*
plus loin, et c'est pourquoi d'autres chercheurs n'acceptent pas la
théorie de Lorenz. Par exemple, seuls les hommes désirent toujours autre chose que ce qu'ils ont; seuls ils tuent d'autres
hommes pour d'autres raisons que leur survie. Comme les
animaux, ils se battent entre eux, mais ils sont seuls à humilier, à
mutiler, à torturer les vaincus.

   Témoin° la célèbre expérience faite par le psychologue   *Witness*
américain Milgram. Un jour, le professeur réunit un certain

nombre d'étudiants pour les faire participer à une expérience pédagogique : ils doivent enseigner à un groupe d'élèves à faire un assemblage de mots suivant certaines règles précises. Le contrôle des erreurs est effectué à l'aide de décharges° électriques d'intensité croissante. En réalité, les cobayes° de cette expérience sont les « enseignants » et non les « enseignés » : il s'agit de savoir jusqu'à quel point les premiers vont accepter de faire souffrir les seconds. Ceux-ci, en° bons acteurs, simulent la douleur, alors qu'en fait ils ne reçoivent aucune décharge électrique.

shocks
guinea pigs

like

Les « enseignants » de Milgram sont ainsi pris entre leur conscience individuelle, qui leur ordonne de cesser immédiatement d'infliger des souffrances, et leur propre professeur qui les exhorte à continuer, au nom de la science, c'est-à-dire de la collectivité.

Les résultats? Aucun des « enseignants » ne refusa à priori de continuer à envoyer les décharges électriques après les premiers signes de douleur, et trois d'entre eux obéirent à l'expérimentation jusqu'aux chocs les plus sévères. Le psychologue en tira deux conclusions :

— la raison principale de l'obéissance des « enseignants, » c'est qu'ils se trouvaient dans une situation qui leur avait permis de libérer en toute bonne conscience l'instinct d'agressivité dont parle le professeur Lorenz.

— cette expérience, en supprimant leur conscience individuelle, diminuait leur angoisse.

Éviter l'angoisse : telle serait en fait la raison profonde de l'instinct de destruction chez l'homme. Les psychanalystes connaissent bien les deux façons dont cet instinct peut se manifester :

— contre un des objets du monde extérieur qu'il a choisi, ou qu'on a choisi pour lui : par exemple le juif.°

Jew

— contre lui-même, qu'il considère comme mauvais.

Ces deux attitudes ne sont d'ailleurs pas contradictoires; elles coexistent, particulièrement fortes, chez les sado-masochistes : comportement sadique, tourné contre le monde, et comportement masochiste, tourné contre lui-même.

Adapté d'un article de François Furet,
Le Nouvel Observateur.

EXERÇONS-NOUS

LES PRONOMS RELATIFS

Voici une nouvelle façon d'enrichir une phrase simple : en la combinant avec une phrase commençant par un pronom relatif.

▍ Pronoms avec un antécédent

PRONOM SUJET	1. Les sauvages **qui pratiquent le cannibalisme** ne sont plus très nombreux. 2. Les théories **qui expliquent le cannibalisme** sont contestées.
PRONOM OBJET DIRECT	3. Les sauvages **que j'ai vus au cinéma** n'étaient pas cannibales. 4. Les lois $\left\{\begin{array}{l}\textbf{que les cannibales suivent}\\ \textbf{que suivent les cannibales}\end{array}\right\}$ sont extraordinaires.
PRONOM AVEC LA PRÉPOSITION **de**	5. Les cannibales **dont nous parlons** vivent en Amérique du Sud. 6. Les théories **dont nous parlons** sont contestées.
PRONOM AVEC LES AUTRES PRÉPOSITIONS	7. Le sauvage **avec qui j'ai parlé** n'était pas cannibale, Dieu merci! 8. Le couteau **avec lequel j'ai coupé mon pain** ne coupait pas bien.

REMARQUEZ

— Relisez la phrase 1 : *qui pratiquent le cannibalisme* s'appelle une *relative* (on dit aussi une proposition subordonnée relative), parce qu'elle est intimement *reliée* (*related*) au substantif *les sauvages*. Elle ajoute à ce mot une précision importante. On dit que *les sauvages* est l'*antécédent* de *qui*. La relative joue le même rôle qu'un adjectif. On ne peut pas l'oublier sans changer le sens de la phrase.

— Dans quatre de nos phrases, l'antécédent est une *personne,* et dans quatre autres c'est une *chose.* Aucune importance, sauf dans le cas des phrases 7 et 8 : *avec qui* (personne) *avec lequel* (chose).

— Cas spécial de *lequel* :
  • Ce mot est variable, exactement comme un adjectif : lequel (*m*), laquelle (*f*), lesquels (*m pl*), lesquelles (*f pl*).

• Quand il est employé avec la préposition à, il se combine avec elle :

à + lequel → *auquel*

à *laquelle*

à + lesquels → *auxquels*

à + lesquelles → *auxquelles*

— Attention!

• phrase 1 : { *Les sauvages* est sujet du verbe *sont.*
{ *Qui* est sujet du verbe *pratiquent.*

• phrase 4 : { *Les lois* est sujet du verbe *sont.*
{ *Que* est objet direct du verbe *suivent.*

— Comparez les trois phrases suivantes :

• { *Les sauvages qui* pratiquent le cannibalisme ne sont plus très nombreux.
{ J'ai rencontré *des sauvages qui* pratiquaient le cannibalisme.
{ J'ai parlé *avec des sauvages qui* pratiquaient le cannibalisme.

• Dans la première, *les sauvages* est sujet, dans la seconde, *des sauvages* est objet direct, dans la troisième *avec des sauvages* est un groupe prépositionnel.

• Conclusion : on peut employer *qui* (et les autres pronoms relatifs) avec n'importe quel groupe du nom, quel que soit (*no matter what*) sa fonction dans la phrase.

EXERCICES

1. Complétez les phrases suivantes en employant le pronom relatif *qui.*

MODÈLE :   Je ne comprends pas ces prisonniers
Je ne comprends pas ces prisonniers qui acceptent d'avance leur mort.

1. Je ne comprends pas ces étudiants
2. Je suis choqué par ces lois cannibaliques
3. Que pensez-vous des sauvages... ?
4. Je n'approuve pas l'expérience

2. Complétez les phrases de l'exercice 1 en employant le pronom relatif *que* et quatre des verbes suivants : faire, rencontrer, traiter, surveiller, accepter, refuser, proposer, diriger.

MODÈLE :   Je suis choqué par ces lois cannibaliques
Je suis choqué par ces lois cannibaliques que les victimes elles-mêmes n'ont pas refusées.

3. Complétez les phrases de l'exercice 1 en employant le pronom relatif *dont.* Voici des expressions utiles : parler de, faire la description de, avoir pitié de, se souvenir de, avoir peur de, se plaindre de.

MODÈLE :   Que pensez-vous des sauvages
Que pensez-vous des sauvages dont les missionnaires nous parlent?

4. Complétez les phrases de l'exercice 1 en employant le pronom relatif *qui* ou *lequel* avec une préposition. Expressions utiles :

faire allusion à	résister à
insister sur	obéir à
lutter contre	penser à
lutter pour	être surpris, frappé, ému (*moved*) par

MODÈLE : Je n'approuve pas l'expérience

Je n'approuve pas l'expérience à laquelle vous faites allusion.

II   Pronoms sans antécédent

---

1. **Ce qui** me fait peur, c'est la bombe atomique.
2. J'aime **ce qui** me fait peur.

---

3. **Ce que** vous me dites ne me paraît pas exact.
4. Je pense à **ce que** vous m'avez dit hier.

---

5. **Ce dont** vous m'avez parlé hier ne me paraît pas exact.
6. Je pense à **ce dont** vous m'avez parlé hier.

REMARQUEZ   — Ces phrases ont en commun le fait que le pronom relatif n'a *pas d'antécédent*.

Dans ces cas :
$\begin{cases} \text{qui} \rightarrow \text{ce qui} \\ \text{que} \rightarrow \text{ce que} \\ \text{dont} \rightarrow \text{ce dont} \end{cases}$

— Pour bien comprendre la fonction de ces pronoms relatifs, analysons-en quelques-uns.
— Dans la phrase 1.
   • *Ce qui me fait peur* est sujet du verbe *être* (on ajoute *c'* pour rendre la phrase plus idiomatique).
   • *Ce qui* est sujet du verbe *faire*.
— Dans la phrase 3.
   • *Ce que vous me dites* est sujet du verbe *paraître*.
   • *Ce que* est objet direct du verbe *dire*.
— Dans la phrase 5.
   • *Ce dont vous m'avez parlé hier* est sujet du verbe *paraître*.
   • *Ce dont* est un groupe prépositionnel complément du verbe *parler* (*de*).

— Lisez les phrases suivantes :

- $\begin{cases} \text{1. } \textit{Qu'est-ce qui} \text{ vous fait peur?} \\ \text{2. Je vous demande } \textit{ce qui} \text{ vous fait peur.} \end{cases}$

- $\begin{cases} \text{3. } \textit{Qu'est-ce que} \text{ vous voulez?} \\ \text{4. Je vous demande } \textit{ce que} \text{ vous voulez.} \end{cases}$

- La phrase 1 est une simple question; 2 est la même question au discours indirect. Même chose pour 3 et 4.
- Conclusion : quand on emploie le discours indirect
  Qu'est-ce qui? → ce qui
  Qu'est-ce que? → ce que
  Nous reparlerons plus longuement du discours indirect au chapitre 12.

EXERCICES

1. Sur le modèle suivant, faites des phrases au discours indirect et répondez à la question posée.

MODÈLE : Qu'est-ce qui vous fait peur?
Je vous demande ce qui vous fait peur.
Ce qui me fait peur, c'est la violence.

1. Qu'est-ce qui vous semble idiot?
2. Qu'est-ce que vous trouvez idiot?
3. Qu'est-ce qui vous a toujours fasciné?
4. Qu'est-ce qu'il faut éviter à tout prix (*at all cost*)?
5. Qu'est-ce que vous condamnez vigoureusement?
6. Qu'est-ce qu'il ne faut jamais cacher?

2. Complétez les phrases suivantes en employant *ce qui*, *ce que* ou *ce dont*. Vous trouverez des expressions utiles pour *ce dont* dans l'exercice 3, section 1 (p. 149).

MODÈLE : Je me demande ce qui
Je me demande ce qui a mis fin à ce scandale.

1. Je me demande ce qui
2. Je me demande ce que
3. Je voudrais bien savoir ce que
4. Je n'aime guère ce que
5. Je n'aime guère ce qui
6. Je n'aime guère ce dont
7. Ce que
8. Ce dont

Nous mélangeons tout

EXERCICES

1. Sur le modèle suivant, transformez ces dix phrases simples en dix phrases contenant une relative. Toutes les nouvelles phrases commencent par *Essayons de comprendre*. Les mots en italique deviennent les antécédents des pronoms relatifs dans les nouvelles phrases. Dans le modèle, remarquez que *quelques conclusions* devient *les conclusions*.

MODÈLE : Essayons de comprendre   Le psychologue a tiré quelques *conclusions*.
Essayons de comprendre les conclusions que le psychologue a tirées.

1. Ils discutent ce *problème* avec mesure.
2. Freud parle d'un certain *cannibalisme*.
3. Ils consommaient leurs victimes avec *cérémonie (f)*.
4. Cette *théorie* met sur le même plan l'homme et les animaux.
5. Les sauvages n'oseraient pas transgresser ces *codes*.
6. Ces deux attitudes coexistent chez les *sado-masochistes*.
7. Ils tuaient d'autres hommes pour certaines *raisons*.
8. Leur *conscience individuelle* leur ordonne de cesser d'infliger des souffrances.
9. Ils donnaient aux *prisonniers* une épouse et des armes.
10. L'instinct d'agressivité se manifeste de *deux façons*.

2. En vous aidant du vocabulaire de tous les exercices de ce chapitre, inventez deux phrases nouvelles avec chacun des pronoms relatifs suivants :

qui	ce qui
que	ce que
dont	ce dont
desquels	à laquelle

MODÈLE :   que
Les sauvages que vous voyez sont des cannibales.
L'expérience que vous proposez me choque.

UN PEU DE VOCABULAIRE

1. La chose est tellement rare que la loi française ne prévoit même pas l'infraction.
   — Donnez un synonyme de *tellement*.
   — Que veut dire *prévoir? prédire?* Qu'est-ce que c'est qu'une circonstance *imprévue, imprévisible?*

2. Les prisonniers ne sont même pas surveillés.

   — Qu'est-ce que cela signifie : *surveiller quelqu'un?*

   — Si on supprime l'adverbe *même*, la phrase devient-elle plus forte ou plus faible?

   — *Même* est aussi un adjectif, avant ou après le nom. Dites en anglais *les mêmes prisonniers, en même temps, le symbole même, la liberté même.*

3. Les missionnaires firent ce qu'ils purent pour mettre fin à ce scandale.

   — Donnez des synonymes de *mettre fin à.*

   — Qu'est-ce que c'est qu'un *scandale?* Donnez des exemples. Quel adjectif correspond à ce nom?

4. Leur propre tribu ne leur accorderait pas asile.

   — Qu'est-ce que c'est qu'une *tribu?*

   — Que veut dire *propre* devant un nom : *leur propre tribu?* Et après : *une maison propre?*

   — Qu'est-ce que cela veut dire : *accorder asile* à quelqu'un?

5. En bons acteurs, ils simulent la douleur.

   — Que veut dire *en bons acteurs?*

   — Que veut dire *simuler?* Comment peut-on simuler la douleur? (faire des grimaces; s'agiter; se tordre : *writhe;* pousser des cris, des soupirs)

   — Quel est le contraire de *la douleur?* Et de l'adjectif *douloureux?*

6. Leur conscience individuelle leur ordonne de cesser d'infliger des souffrances.

   — Qu'est-ce que c'est qu'une *conscience individuelle?* Comment se manifeste-t-elle?

   — *La conscience* a un autre sens aussi : c'est le contraire de *l'inconscient.* Que signifie alors *avoir conscience de quelque chose?* Ou *faire quelque chose en pleine conscience?*

7. Leur propre professeur les exhorte à continuer au nom de la science.

   — Qu'est-ce que c'est qu'*exhorter quelqu'un?* Donnez des synonymes.

   — Que signifie *faire quelque chose au nom de la science?*

8. Cette expérience, en supprimant leur conscience individuelle, diminuait leur angoisse.

   — Qu'est-ce que cela veut dire : *supprimer leur conscience individuelle?* Donnez des synonymes de *supprimer.*

   — Que veut dire *diminuer?* Quel est le contraire de ce mot?

IMAGINONS / DISCUTONS

1. Ces enfants chypriotes grecs jouent à la guerre dans un camp de réfugiés. Bien sûr, leur cas est différent de celui des enfants français et américains. Cependant, jouer à la guerre semble être un des plaisirs préférés des enfants d'aujourd'hui, sinon de tous les temps. Expliquez, discutez.

Bourreaux... ou victimes?

— Dans votre enfance, avez-vous joué à la guerre? Tous, ou seulement les garçons?

— Quels plaisirs les enfants tirent-ils d'un tel jeu? Est-ce un plaisir innocent, ou est-ce qu'une agressivité dangereuse se manifeste déjà? Qu'en pensez-vous?

— Et les filles, comment ont-elles exprimé l'agressivité dans leur enfance? Mais peut-être qu'elles ne l'ont jamais ressentie?

— Et ceux qui n'ont jamais joué à la guerre — s'il y en a — n'ont-ils pas fait du mal aux insectes ou aux petits animaux? Soyez francs!

— Alors, quelle conclusion peut-on tirer en ce qui concerne les enfants et l'agressivité?

— Et plus tard — dans l'adolescence et après — comment l'agressivité s'exprime-t-elle? Trouve-t-elle des formes d'expression tolérées ou même approuvées par la société? Lesquelles?

— Cette agressivité est-elle à bannir tout à fait, ou peut-elle servir la société d'une façon ou d'une autre? Qu'en pensez-vous? Donnez des exemples.

IMAGE, p. 142

2. Racontez ce qui se passe dans ces dessins de Claire Bretecher. Qu'est-ce qui a déclanché (*triggered*) la violence? Vous avez certainement eu l'occasion (*the opportunity*) d'avoir une ou plusieurs expériences du même genre. Racontez, expliquez.

IMAGE, p. 146

3. Vous êtes un des « enseignants » dans l'expérience du professeur Milgram. Racontez au passé toute l'expérience : les instructions du professeur, votre attitude initiale, la réaction de l'enseigné, vos sentiments devant cette souffrance croissante, les exhortations du professeur, ce que vous avez fait à la fin, votre opinion du professeur et de son expérience. (Comme toujours, attention à l'emploi du passé composé et de l'imparfait!)

SUJETS SUPPLÉMENTAIRES

1. Le « véritable » cannibalisme a ses lois, son code de l'honneur, etc... Discutez en vous basant sur l'exemple des Tupinambas.

IMAGE, p. 145

2. « Le cannibalisme de pénurie » est très différent. « Valait-il mieux seize cadavres ou seize cannibales? » Votre propre réponse? Expliquez.

— Je suis mineur. Je ne parlerai qu'en présence de mon avocat (*lawyer*).

JUSTICE?

10

Si vous volez du parfum dans un grand magasin,[1] c'est peut-être parce que vous voulez sentir[2] bon, mais peut-être aussi parce que vous n'aimez pas le Système, qu'il soit[3] américain ou français (« Le Plaisir de voler »).

Si vous tuez un être[4] humain, si vous êtes pris, si vous n'êtes pas gracié[5] par le président de la République, vous obligerez M. Obrecht, qui habite Auteuil,[6] à gagner beaucoup d'argent. Pour un seul geste. Robert Badinter, l'avocat d'un des derniers condamnés à mort, crie son indignation (« L'Exécution »).

---

[1] *department store*
[2] *smell*
[3] qu'il soit : *whether (it be)*

[4] *being*
[5] *pardoned*
[6] dans la banlieue (*suburbs*) de Paris

Pour sentir bon, ou pour défier le Système?

Le Plaisir de voler

« **C**elle-ci va voler, regardez! » dit l'inspectrice° à l'instant où la jeune fille s'arrête devant un étalage° de parfums dans un grand magasin parisien. C'est une jeune fille blonde, presque une enfant. Sur ses lèvres° flotte un demi-sourire. Soudain, les lèvres se serrent,° la main se tend.° Un geste. Quelques minutes plus tard, rose encore d'émotion, elle posera, souriante, un tube de *make up* sur le bureau du sous-directeur. Mais quand celui-ci prendra le téléphone pour appeler ses parents, Elizabeth X, fille et petite-fille de médecins parisiens, fondra° en larmes.

woman floor manager
display

lips
tighten / extends

will melt

La scène aurait pu se passer tout aussi bien° dans un grand magasin américain. C'est à New York en effet qu'a eu lieu l'expérience suivante° : 263 clients choisis au hasard furent surveillés à leur entrée dans un grand magasin. À la sortie, un sur neuf avait volé un article.

Qui sont-ils, ces voleurs et ces voleuses? Il y a ceux qui volent par intérêt,° pour revendre. Il y a les ménagères à revenu moyen° qui volent pour améliorer l'ordinaire.° Il y a les kleptomanes.

> Je me suis aperçu que, quand on n'avait pas de fric° et qu'on volait, on était un voleur. Et quand on a du fric et qu'on vole, qu'est-ce qu'on est? Un kleptomane.

> Un idiot pauvre est un idiot. Un idiot riche est un riche.

Il y a enfin ceux qui ne volent que le bon foie gras[7] et le champagne. Et les très jeunes enfants qui consomment sur place, sans payer, le dernier dessert recommandé par la télé. Ceux-ci répondent parfois, quand on les surprend, comme au cinéma : « Je suis mineur. Je ne parlerai qu'en présence de mon avocat! » Il semble d'ailleurs que, de plus en plus, ce soient les jeunes qui sont responsables des vols à l'étalage : sur 183 élèves interrogés dans un grand lycée parisien, près de cent ont avoué un ou plusieurs vols.

Alors, que faire devant cette situation? Un avocat répond : « Ce n'est ni chez le psychiatre, ni devant un tribunal que l'on pourra résoudre le problème, mais en famille. Une mère qui a volé et qui s'en vante,° un père qui ment au téléphone devant ses enfants, des parents qui ne se demandent pas comment leur fille a payé sa nouvelle robe : c'est cela, la meilleure école de la délinquance juvénile. »

Adapté d'un article de Barbara Schwarm, *Le Point.*

---

[7]pâté de foie gras : *goose-liver pâté, a very expensive delicacy*

tout... just as well

qu'a... that the following experiment occurred

par intérêt for profit / ménagères... housewives of modest income
their everyday menu

money (*pop.*)

s'en vante boasts of it

Je te dirai que je suis contre le « coup de la vieille ».° Mais cambrioler° une banque, un Monoprix,° piquer° l'argent de l'état, alors là, bravo! Je ne dis pas que je le ferai, mais sur le plan politique, je suis d'accord, parce que ça ne lèse° pas l'individu. Ça se met en travers de la machine.° Mon impression est que celui qui vole est quelqu'un qui se met instinctivement en opposition avec le Système.

Un ancien détenu°

le... robbing old ladies

burglarize / dime store / steal (*fam.*)

hurt

Ça... That throws a monkey wrench into the works

Un... An ex-convict

L'Exécution

Il y a un homme qui habite Auteuil et qui, dans la nuit de lundi à mardi dernier, a gagné un million deux cent mille francs.[8] M. Obrecht a tiré deux fois la ficelle° : six cent mille anciens francs pour une tête sautant° dans un panier.° Cette nuit-là, à la prison de la Santé, deux condamnés à mort ont été exécutés.

Les journaux

string

popping / basket

Robert Badinter était l'avocat de Roger Bontems, l'un de ces condamnés à mort:

— La peine de mort est un non-sens.° On sait très bien qu'elle ne change pas les chiffres° de la criminalité sanglante, dont

nonsense
statistics

---

[8] 1.200.000 *anciens* francs (presque $2400)

**Monsieur Guillotin
ne l'a pas inventée!**

l'évolution est liée à d'autres facteurs. Qu'on exécute ou qu'on n'exécute pas, qu'on condamne à mort ou pas, cela ne change rien.

— Vous êtes absolument contre la peine de mort?

— Absolument.

— Même dans le cas des tortionnaires, des criminels de guerre nazis comme Eichmann? Quelles que soient° la quantité et la gravité des crimes commis?

Quelles... Whatever

— Je réponds catégoriquement oui. La vie doit être sacrée même en la personne du sacrilège. Il n'y a pas à attendre que° les

Il... We shouldn't wait until

assassins commencent.[9] Car ils ne commenceront jamais. Ils ne commenceront jamais précisément parce qu'ils sont des assassins! Mais une société qui condamne la mort doit se refuser à la donner. Dans tous les cas.

— Comment expliquez-vous qu'une large majorité des Français — 63 pour cent, selon le dernier sondage° — refuse son abolition?

survey

— Pour de simples raisons. La première étant° que l'on se place toujours inconsciemment du côté des victimes. On ne peut pas s'imaginer dans la condition d'un assassin. Au pire, on peut concevoir de tuer par vengeance, de commettre, peut-être, un crime passionnel. Mais, pour l'immense majorité des gens, l'hypothèse d'être condamné à mort ne se pose pas. Il y a, au contraire, un phénomène d'identification inconsciente avec la victime. On se dit que l'on pourrait très bien être, un jour, à sa place. L'idée qu'un homme qui a tué votre enfant continuerait à vivre soulève un sentiment de révolte très profonde, insupportable. Et l'homme est un animal qui tue.

being

C'est très révélateur : lorsque j'écris un article sur un quelconque aspect° de la justice pénale, je reçois dix, vingt lettres. Lorsque je parle de l'abolition de la peine de mort, c'est un torrent de lettres me traitant de salaud,° me souhaitant, à moi et à ma famille, le sort le plus sanglant et m'offrant les visions les plus sadiques de ma fin.

un... some aspect or other

me... calling me a bastard

C'est ce qui explique que les discussions entre adversaires et partisans de la peine de mort échappent, le plus souvent, au domaine de la raison et de la logique.

— Il y a encore d'autres raisons?

— Oui, il y a quelque chose de plus profond : c'est la réponse à une angoisse collective. Plus la tension sociale est forte, plus les gens réclament° la peine de mort. J'avais fait, il y a quelques années, une carte des pays qui l'avaient abolie et de ceux qui la conservaient. Aux États-Unis notamment, les états qui l'avaient conservée étaient précisément ceux où la tension raciale, l'inégalité sociale, étaient les plus fortes. Et ceux qui avaient

demand

---

[9] commencent à respecter la vie

réalisé° une certaine homogénéité du corps social l'abolissaient. Souvenez-vous, la peine de mort a été rétablie en Allemagne au moment où le nazisme est apparu. Non seulement parce que le nazisme portait en lui le droit de disposer de la vie d'autrui,° mais parce que c'était une période de grande tension.

Il y a eu, après la dernière guerre, une tendance à la suppression de la peine de mort, parce que la tension extrême des années de guerre s'apaisait.° On retrouve toujours ce même rapport, à propos de la peine de mort, entre l'angoisse et la libération de cette angoisse. La peine de mort est libération de cette angoisse collective. Je crois que les rapports entre le criminel et la cité° ne sont pas assez perçus. Le criminel de sang,° on voudrait qu'il nous soit étranger. Il ne l'est pas. C'est un homme comme nous. Et la peine de mort, l'exécution, c'est une forme d'exorcisme. En exécutant cet homme, on lui refuse la qualité d'homme.

achieved

of others

was subsiding

society
criminel... murderer

Adapté d'un entretien avec Robert Badinter, *L'Express.*

Les jurés (*jurors*) de la Cour d'Assises (le tribunal qui peut décider la peine de mort).

EXERÇONS-NOUS

LE CONDITIONNEL

Si vous étiez Dracula... Mais je ne suis pas Dracula! Bien sûr, mais il n'est pas interdit de rêver (*daydream*), d'inventer une histoire : « Si j'étais Dracula, je vivrais dans un grand château et... » Pour raconter cette histoire, il faut savoir utiliser le conditionnel.

Nous connaissons déjà deux *modes* du verbe : *le mode indicatif,* qui exprime une action ou un fait *réel,* et *le mode subjonctif,* après certains verbes et certaines prépositions.

Nous étudions maintenant un troisième mode : *le mode conditionnel.*

▌ Conditionnel présent

Comparez les trois phrases suivantes, qui commencent toutes par *si* :

---

1. Si vous **tuez** un être humain, vous **obligez (obligerez)** Mr. Obrecht à gagner beaucoup d'argent.
2. Si on m'**accusait** de vol, je me **mettrais** en colère.
3. Si j'**étais** Martien, j'**aurais** la peau verte.

REMARQUEZ

— *L'indicatif* (présent ou futur : *obligez / obligerez*) exprime une hypothèse dont la conséquence est certaine, automatique (phrase 1).
— *Le conditionnel* exprime une hypothèse qui deviendra réelle seulement si une certaine condition est réalisée.
  • Quelquefois cette condition est possible mais pas certaine (phrase 2 : *mettrais*).
  • Quelquefois cette condition est imaginaire, irréelle (phrase 3 : *aurais*).
— En général, *si* est au début de la phrase, mais ce n'est pas obligatoire. On peut dire aussi :
  • Vous obligerez... *si* vous tuez...
  • Je me mettrais... *si* on m'accusait...
  • J'aurais... *si* j'étais...
— Faîtes spécialement attention : *pas de conditionnel directement après si!* En résumé :

```
si + présent   /   présent ou futur
si + imparfait  /  conditionnel
```

EXERCICE   Pour chacune des phrases suivantes commençant par *si,* choisissez la phrase qui, à votre avis, la complète le mieux. Ensuite, mettez la nouvelle phrase obtenue au conditionnel.

MODÈLE :   Si on m'accuse   je me mettrai en colère
   Si on m'accuse, je me mettrai en colère.
   Si on m'accusait, je me mettrais en colère.

1. Si quelqu'un veut vous assassiner
   il faut crier au secours (*cry for help*)
   il faut faire n'importe quoi pour survivre
   il est prudent de ne pas se défendre

2. Si mon partenaire gagne plus d'argent que moi
   je me sens très gêné
   je l'accepte de bon coeur
   cela m'est égal

3. Si je suis juré (*juror*)
   je me place du côté des victimes
   je fais un grand effort pour rester objectif
   je suis plein d'indulgence pour les assassins

4. Si ce réformateur écrit un article contre la peine de mort
   il reçoit un torrent de lettres
   le public le traite de salaud
   on lui souhaite le sort le plus sanglant

5. Si nous avons des conflits inconscients importants
   nos psychiatres gagneront beaucoup d'argent
   il faut les résoudre
   nous éprouvons des tensions violentes

▌▌ Conditionnel passé

```
1. Si on m'accusait de vol, je me mettrais en colère.
2. Si on m'avait accusé de vol, je me serais mis en colère.
```

— Nous connaissons déjà la phrase 1 : *If I were accused of stealing (now or later), I would get angry (now or later).* Donc, dans ce cas, l'imparfait *n'indique pas le passé,* mais implique *(implies)* une action présente ou future.

— Phrase 2 : *If I had been accused of stealing, I would have gotten angry.*

> **Si + plus-que-parfait / conditionnel passé.**

— Dans ce cas aussi : *pas de conditionnel directement après si!*

EXERCICE Reprenez les phrases de l'exercice de la section précédente et mettez-les au conditionnel passé.

MODÈLE : Si on m'accusait, je me mettrais en colère.
Si on m'avait accusé, je me serais mis en colère.

III À la place de

> À la place de Pierre, je me **mettrais** en colère.
> À la place de Pierre, je me **serais mis** en colère.

REMARQUEZ — L'expression *à la place de* est équivalente à une phrase commençant par *si* :
  • { (Si j'étais) à la place de Pierre, je me mettrais en colère.
    { (Si j'avais été) à la place de Pierre, je me serais mis en colère.
— On peut dire aussi : À votre place, à ta place, etc.

EXERCICE En utilisant chacune des expressions suivantes, faites une phrase avec *à la place de.* Employez le conditionnel présent ou le conditionnel passé, selon le cas. Vous pouvez ajouter vous-même d'autres expressions à la liste.

MODÈLE : Corinne (p. 58)
À la place de Corinne, je demanderais plus d'argent.
Washoe (pp. 76–78)
À la place de Washoe, je n'aurais pas insulté mon maître.

1. Robert Badinter (p. 162)
2. les survivants dans les Andes (p. 145)
3. l'abbé Debourges (p. 112)

4. le dernier élève assis (image, p. 23)
5. le jeune homme chevelu (image, p. 36)
6. les prisonniers des cannibales (p. 145)
7. l'homme à la pipe (image, p. 39)
8. le camionneur (p. 54)
9. le jeune homme qui veut se faire moine (p. 94)
10. un lycéen français qui va passer le bac (p. 26)

IV Le Conditionnel de politesse

> 1. Qu'est-ce qu'on va faire ce soir?
>   On **pourrait** aller prendre une bière.
> 2. D'accord! Jacques, **pourrais-tu** nous prêter ta voiture?

REMARQUEZ
— Phrase 1 : Le conditionnel indique une simple suggestion.

— Phrase 2 : Le conditionnel est plus poli que le présent.

EXERCICE Complétez les phrases suivantes :

MODÈLE : Je voudrais
    Je voudrais un livre sur la peine de mort.

1. Je voudrais savoir
2. Pourriez-vous me dire si... ?
3. Voudriez-vous... ?
4. Est-ce que tu pourrais... ?
5. Nous pourrions
6. Aimerais-tu... ?

V Nous mélangeons les temps

EXERCICES 1. Complétez les phrases suivantes.

MODÈLE : Si je menais une double vie
    Si je menais une double vie, j'aurais des problèmes psychologiques.

1. Si j'étais kleptomane
2. Si je voulais défier le Système
3. Si j'étais prisonnier des cannibales
4. Si nous sommes tous charitables
5. Si j'avais voulu vous scandaliser
6. Si on m'exhortait à infliger des souffrances au nom de la science

7. Si on avait aboli la peine de mort
8. Si un de mes amis se croyait possédé par le Diable
9. Si vous voulez connaître l'avenir
10. Si on imposait le service militaire aux femmes

2. Complétez les phrases suivantes.

MODÈLE : je serais profondément choqué
Si un de mes amis se faisait moine, je serais profondément choqué.

1. je ne parlerais qu'en présence de mon avocat
2. ce serait la fin du monde
3. je le ressens comme une agression
4. nous aurions terriblement peur
5. j'aurais crié mon indignation
6. ça (cela) me serait tout à fait égal
7. j'aurais fait comme les autres
8. je rirais comme un fou
9. ça (cela) me donnera la nausée
10. nous aurions eu honte

UN PEU DE VOCABULAIRE

1. C'est à New York en effet qu'a eu lieu l'expérience suivante.

   — Que veut dire *en effet*? Donnez des synonymes.

   — Qu'est-ce que c'est qu'un *effet : il n'y a pas d'effet sans cause*. Donnez deux synonymes.

   — *L'expérience a eu lieu* : dites cela d'une autre façon.

   — *L'expérience suivante a eu lieu en effet à New York.* Quelle différence voyez-vous entre cette phrase et la phrase tirée du texte? Quel effet l'emploi des mots *c'est à...que* produit-il sur la phrase? (insister sur)

2. L'on se place toujours inconsciemment du côté des victimes.

   — Qu'est-ce que c'est, *se placer du côté de quelqu'un*?

   — Exprimez *inconsciemment* d'une autre façon.

3. Au pire, on peut concevoir de tuer par vengeance, de commettre, peut-être, un crime passionnel.

   — Que signifie *au pire*? De quel adjectif le mot *pire* est-il le superlatif? Quel est donc son contraire?

   — Que veut dire ici *concevoir*?

168

— *Tuer par vengeance, voler par intérêt, regarder par curiosité* : quel rapport y a-t-il entre le nom qui suit *par* et le verbe qui le précède? Faites deux phrases où vous emploierez *par* de cette façon.

— Qu'est-ce que c'est qu'un *crime passionnel?* Expliquez, donnez des exemples.

4. Les discussions entre adversaires et partisans de la peine de mort échappent, le plus souvent, au domaine de la raison et de la logique.

— Qu'est-ce que c'est qu'un *adversaire,* qu'un *partisan?* Quel rapport y a-t-il entre les deux mots?

— *Les discussions échappent au domaine de la raison et de la logique* : exprimez cela d'une autre façon. Que veulent dire ces deux phrases : *Son nom m'échappe. Ce malade a échappé à la mort.*

5. Plus la tension sociale est forte, plus les gens réclament la peine de mort.

— Qu'est-ce que c'est que la *tension sociale?* Expliquez.

— Que signifie *réclamer?* Quelle différence y a-t-il entre ce verbe et *demander?*

— *Plus...plus...* : quel rapport ces mots établissent-ils entre la tension sociale et l'attitude du public envers la peine de mort? (la cause, l'effet, dépendre de) Dans la phrase, remplacez les deux *plus* par *moins;* le rapport entre les deux phénomènes est-il modifié? Modifiez la phrase suivante en faisant toutes les substitutions possibles de *plus* et de *moins* : *Plus je travaille, plus j'apprends.* Dites dans quels cas le sens de la phrase est changé.

IMAGINONS / DISCUTONS

IMAGES, pp. 156, 158

1. Pourquoi on vole.

— On vole pour des raisons variées. Nommez celles qui sont citées dans « Le Plaisir de voler ».

— En connaissez-vous d'autres? Lesquelles?

— Avez-vous jamais rencontré quelqu'un qui aime voler? Savez-vous si c'est pour une des raisons indiquées dans l'article? Racontez.

— Étant donné (*given*) ces diverses raisons de voler, croyez-vous que tous les voleurs doivent être traités de la même façon? Quelles distinctions feriez-vous?

— Considérez la dernière citation de l'article : « Ce n'est ni chez le psychiatre, ni devant un tribunal que l'on pourra résoudre le problème, mais en famille ». Êtes-vous d'accord avec ce point de vue? Pourquoi? Sinon, comment résoudre ce problème? Proposez une autre solution.

Voici comment opère un voleur.

Ça ne sert à rien de cacher son argent dans une valise à l'intérieur de son coffre.

En un instant un voleur vous force coffre et valise, vous prend l'argent et disparaît.

Vous ne pouvez pas arrêter un voleur expérimenté. Mais maintenant, vous pouvez protéger l'argent que vous emportez avec vous en prenant tout simplement des chèques de voyage. C'est sûr, et ils remplacent l'argent liquide.

Quels chèques de voyage choisir?

Nous vous recommandons les chèques de voyage American Express en Francs Français. Voici pourquoi : à la différence de l'argent liquide, si jamais on vous les vole ou si vous les perdez, nous vous les remplaçons, générale-ment le jour même. Il vous suffit de faire une déclaration de perte, en personne, à l'un des 885 bureaux, filiales ou représentants de l'American Express, le plus proche.

Et ce n'est pas tout. Les chèques de voyage American Express sont les plus acceptés dans le monde entier. Les chèques de voyage American Express sont disponibles, en Francs Français : en chèques de 50 F, 100 F, 200 F et 500 F. Vous pouvez aussi les demander en 6 autres monnaies internationales à votre banque.

Lorsque vous voyagez à l'étranger, protégez votre argent : emportez les chèques de voyage American Express en Francs Français.

Parce que cela pourrait bien vous arriver à vous aussi.

Chèques de voyage American Express en Francs Français

A.E. I.B.C. France par Ogilvy & Mather

expérimenté :
experienced

l'argent liquide :
cash

filiales :
branches

coffre :
trunk

disponibles :
available

170

2. Comment opère un voleur.

— Imaginez le dialogue entre le mari et la femme au début (*beginning*).

— Imaginez le dialogue entre les deux voleurs.

— Imaginez le dialogue entre le mari et la femme à leur retour.

— Que pensez-vous de cette publicité pour l'American Express? Avez-vous déjà utilisé des chèques de voyage? Une histoire du même genre vous est-elle déjà arrivée? Racontez.

IMAGE, p. 161

3. La peine de mort.

— Robert Badinter affirme que la peine de mort est un non-sens. Qu'est-ce que c'est qu'un non-sens, et comment justifie-t-il cette affirmation?

— Quelle est l'opinion du public français sur cette question, et comment Robert Badinter l'explique-t-il?

— Quelle est la réaction du public quand Badinter écrit un article sur ce sujet?

— Quel rapport voit-il entre l'attitude du public sur ce sujet et les conditions sociales?

— Quelle interprétation offre-t-il de ce fait?

— Êtes-vous d'accord avec Robert Badinter dans son opposition à la peine de mort? Pourquoi ou pourquoi pas? Parmi les causes qu'il donne au refus de la peine de mort, laquelle vous semble la plus importante?

SUJETS SUPPLÉMENTAIRES

1. « Un idiot pauvre est un idiot. Un idiot riche est un riche. » Commentez, discutez.

IMAGE, p. 163

2. Le dessin de Desclozeaux est extrêmement sarcastique. Essayez de l'interpréter.

Vocabulaire supplémentaire :
    le couteau (*knife*), le revolver, la corde (*noose*).

LA VACHE QUI RIT, UN FROMAGE MODERNE INVENTÉ EN 1923.

LA VACHE QUI RIT. LE FROMAGE QUI MÉRITE SA CÉLÉBRITÉ.

LA FRANCE À TABLE

11

Les jeunes Français s'intéressent de moins en moins à la gastronomie. Finis les grands repas du dix-neuvième siècle, avec leur service impeccable et leur rituel compliqué (« La Grande Bouffe »). Les jeunes préfèrent consacrer leur argent aux voyages, aux disques,[1] aux habits[2] (« Au musée la gastronomie! »).

— Tout de même, les vins français...

— Les vins de Californie ne sont pas mal non plus![3]

— L'avenir est aux surgelés[4]...

— Je me suis toujours refusé à en manger!

Allons, la controverse n'est pas terminée! (« Et demain? »).

---

[1] *records*   [3] non plus : *either*
[2] *clothes*   [4] *frozen foods*

La Grande Bouffe°

La... The Big Feed

Il y a quelques années, le film « La Grande Bouffe » a représenté la France au Festival de Cannes. « La Grande Bouffe », c'est l'histoire de quatre hommes qui ont décidé de se suicider... en mangeant trop. Pendant deux heures et quart, on les voit avaler° des plats somptueux, jusqu'à la mort. Le film de Marco Ferreri, absolument insupportable pour beaucoup de spectateurs, constitue la dénonciation la plus impitoyable de cette gourmandise° bien française qu'on affecte de considérer comme un « péché mignon ».[5]

swallow

love of good food

---

[5] Au sens propre, *a tiny sin. Mignon* signifie aussi *cute, darling.*

Signe des temps, car ce film marque peut-être la fin d'une époque : celle qui commence avec Louis XIV (mais peut-être déjà avec Gargantua[6], et qui s'épanouit° au XIXe siècle. Si vous avez lu *Illusions perdues* de Balzac, rappelez-vous le repas que fait Lucien de Rubempré dans le restaurant le plus chic de Paris, en débarquant de sa province. Comme il a peu d'argent, il ne peut s'offrir qu'un tout petit repas : une douzaine d'huitres,° une perdrix,° un poisson, un macaroni — plat très luxueux à l'époque — et un dessert. Pauvre garçon! C'est que les repas ordinaires de la bourgeoisie moyenne, à cette époque, comprenaient six plats : un potage, un « relevé »° — par exemple un poisson —, une « entrée » — volaille° ou gibier° —, un rôti, un entremets — l'équivalent de notre légume —, et enfin un dessert sucré.

qui... whose heyday is

oysters
partridge

a spicy dish
poultry / game

---

[6] Gargantua : le géant créé au seizième siècle par le grand écrivain Rabelais.

175

L'explication de cette surabondance est simple : la bourgeoisie, qui était devenue la classe politique dominante, restait fascinée par la façon de vivre de l'ancienne aristocratie. Pour elle, le « bien manger » est vite apparu comme une revanche, comme le signe d'une ascension, d'une réussite sociale.

Mais les estomacs, les foies?° Eh bien, petit à petit, ils se sont adaptés, exactement comme s'adaptent les bras et les jambes de nos athlètes capables d'exploits sportifs de plus en plus extraordinaires!

°livers

Au musée la gastronomie!

Ce qui reste de ces habitudes gastronomiques du XIXᵉ siècle? De moins en moins de choses. Même le nombre et la qualité des repas — petit déjeuner, déjeuner, dîner — commence à être mis sérieusement en question. Le repas de midi (le déjeuner), le plus souvent réduit à sa plus simple expression, est en général pris en ville. Le repas du soir, lui, reste important, mais le rite de la table se perd. La télévision envahissante limite les contacts. Une enquête montre que cette dégradation du repas du soir est cause de nombreuses frustrations pour les femmes qui restent au foyer.° Les « vrais repas » se retrouvent quand même° pendant les week-ends et les jours de fête. Là, les Français démontrent qu'ils restent malgré tout fidèles à leurs traditions.

°home
°anyway

C'est surtout chez les jeunes, et tout particulièrement chez les jeunes bourgeois, que se révèle une certaine indifférence à la table. Ils se satisfont de cette nourriture industrielle et standardisée des snacks et des drug-stores. Par réaction, par contestation,° ils investissent, eux, dans d'autres valeurs : les voyages, les

°opposition

vêtements, les disques, les gadgets. Par rapport au° XIXᵉ siècle, la nourriture a totalement perdu sa puissance d'attraction. Dans le domaine du vêtement, cela se traduit par deux phénomènes :

— d'abord, la mode féminine a cessé d'être le fait° d'une élite.

— ensuite, la mode masculine connaît un développement considérable dans tous les milieux. Cet « appétit » général des hommes pour le vêtement est tout à fait nouveau dans la société française, où seuls « s'habillaient », il n'y a pas si longtemps, quelques esthètes ou quelques originaux.°

Il est vrai que la mode « unisexe » vient encore compliquer — ou simplifier — la situation. Mais ceci est une autre histoire!

Adapté d'un article de Christiane Sacase
et d'un entretien avec Jean-Paul Aron, *L'Express.*

Et demain?

S'il y a une gastronomie du surgelé, elle n'a pas encore été inventée!

* * *

L'une des lettres reçues par le directeur d'une revue gastronomique, à la suite d'une étude favorable aux produits surgelés :

> C'est vous qu'on devrait surgeler! Il est impensable que des gourmets — ou prétendus tels° — acceptent de gaieté de coeur° l'envahissement de la France et de ses cuisines par quelque chose d'aussi innommable, que je me suis toujours refusé à manger. Publiez ma lettre, si vous avez un peu de courage!
>
> Un lecteur de Lyon

prétendus tels so-called

de gaité... cheerfully

* * *

Dans la même revue, une lettre de lecteur relative à une étude sur les vins de Californie, et la réponse du directeur de la revue :

> Je n'ai jamais bu de vin de Californie et Dieu m'en garde!° Quelle mouche vous a piqués,° vous qui prétendez défendre les bons produits français? Je me demande si, ce jour-là, vos libations ne vous ont pas tourné la tête.° Par pitié, redevenez sérieux!
>
> Un lecteur de Paris
>
> *Réponse* :
> Notre article sur les vins de Californie a causé, comme on dit, « une certaine émotion », notamment dans la région de Bordeaux.[7] Est-elle justifiée? Vous reconnaissez vous-même

et... and pray I never will / **Quelle...** What's got into you

ne... didn't get the better of you

---

[7] région célèbre pour ses vins

que ces vins, vous ne les avez pas goûtés... Alors, le sérieux, qu'est-ce que c'est? C'est de vivre sur des « idées reçues » ou bien, au contraire, de reconnaître et de saluer la qualité là où elle existe? Le chauvinisme est une attitude dangereuse, et ce n'est pas en répétant que nous sommes les meilleurs en tout que nous en persuaderons nécessairement le reste du monde. D'ailleurs, qu'avions-nous dit exactement? Tout simplement qu'il existe actuellement en Californie des vins absolument remarquables, mais produits en très petite quantité, et le plus souvent ignorés des Américains eux-mêmes. Il n'y a vraiment pas de quoi° crier au scandale. D'autant — et nous l'avions précisé° — que° les Californiens savent faire aussi de très mauvais vins et que le niveau général est encore très moyen. Les vins français n'ont jamais connu un tel succès aux États-Unis. C'est la preuve qu'il y a de la place pour tout le monde, mais aussi qu'il serait stupide de s'endormir sur ses lauriers.°

pas... no cause specified / **d'autant... que** all the more because

laurels

*   *   *

Deux tiers des femmes françaises interrogées au cours d'une enquête ont déclaré qu'elles aimaient faire la cuisine.

*   *   *

Il n'y a pas de raison que l'homme de l'avenir se porte plus mal° que les paysans de Vilcabamba, en Equateur,° qui trouvent le moyen de vivre centenaires° en ne mangeant que du blé,° du maïs,° des haricots° et des pommes de terre. En buvant quatre à six tasses de rhum et en fumant deux à trois paquets de cigarettes par jour!

se... should have worse health
Ecuador
vivre centenaires live to be a hundred / wheat
corn / beans

*   *   *

Conclusion :
En France, la gastronomie demeure° un art, mais elle a cessé d'être une religion.

remains

Citations tirées d'un article de Gérard Bonnot et Daniel Vincedon, *L'Express*, et du « Courrier des Lecteurs » du *Nouveau Guide Gault-Millau*.

EXERÇONS-NOUS

LA PHRASE NÉGATIVE

— La gastronomie *n'*intéresse *plus* (*no more*) les jeunes Français...

— Je crains de *ne pas* vous avoir compris. Vous *n'*avez *pas* voulu dire que... ? Si? Oh! *Ne* me dites *pas* cela! *Personne ne* vous croira.

— Pourtant *rien n'*est plus vrai! Et c'est la même chose avec les jeunes Américains, ils *ne* s'y intéressent *pas non plus*.

— Ah, là c'est différent! Les Américains, eux, *ne* s'y sont *jamais* intéressés...

Ces deux personnes ne sont évidemment pas d'accord entre elles! C'est précisément pour cela qu'elles emploient toutes sortes de négations. Remarquez que ces négations portent (*concern*) quelquefois sur toute la phrase, quelquefois sur un groupe du nom, et quelquefois sur un infinitif. Étudions successivement ces trois catégories.

La Négation porte sur toute la phrase

A   Les Temps simples

Je bois	Je **ne** bois **pas**
1. Je bois **toujours du** vin. *I always drink wine.*	1. Je **ne** bois **jamais de** vin. *I never drink wine.*
2. Je bois **beaucoup de** vin. *I drink a lot of wine.*	2. Je **ne** bois **guère de** vin. *I hardly drink wine.* Je ne bois **pas beaucoup de** vin. *I don't drink much wine.*
3. Je bois **encore du** vin. *I still drink wine.* Je voudrais **encore·du** vin. *I would like some more wine.*	3. Je **ne** bois **plus de** vin. *I don't drink wine any more.* Je **ne** veux **plus de** vin. *I don't want any more wine.*
4. Je bois **déjà du** vin. *I already drink wine.*	4. Je **ne** bois **pas encore de** vin. *I don't drink wine yet.*
5. Je bois **du** vin **aussi.** *I also drink wine.*	5. Je **ne** bois **pas de** vin **non plus.** *I don't drink wine either.*

REMARQUEZ   — Dans tous ces exemples, le verbe *boire* est à un *temps simple*, le présent.
- Il pourrait aussi bien être à l'imparfait ou au futur.
- Dans ce cas, *ne* est avant le verbe et l'autre partie de la négation est après le verbe.

— Attention au sens de *encore* et de *pas encore*. Remarquez les trois couples :

$$\left\{\begin{array}{ll} \text{encore} & / \quad \text{plus} \\ \text{déjà} & / \quad \text{pas encore} \\ \text{aussi} & / \quad \text{non plus} \end{array}\right.$$

— Attention : *du* → *pas de* au négatif.
- Dans notre tableau (colonne de gauche), il n'y a qu'une forme avec *de* : *beaucoup de*.
- On dit aussi : *assez de, trop de, peu de*.
- Dans la colonne de droite, toutes les formes sont avec *de*.

EXERCICES   1. Dans chacun de ces 6 groupes de phrases, mettez *une* phrase à la forme négative. Ensuite, justifiez votre phrase en répondant à la question, « Pourquoi pas? »

MODÈLE :   J'aime le vin.
    Je n'aime pas le vin.
    Pourquoi pas?
    C'est trop cher.
    ou **Le vin me tourne la tête.**
    ou **Il a un goût désagréable.**

1. Les jeunes s'intéressent à la gastronomie.
   Je cherche le bonheur.
   Le Diable me fait peur.

2. Ces cannibales mangeaient beaucoup. ⎫
   Les singes parlent beaucoup.   ⎬ (deux formes)
   Je crains beaucoup la bombe atomique. ⎭

3. Les gourmets acceptaient déjà les produits surgelés.
   Nous étions déjà riches.
   Cet enfant volait déjà.

4. Je boirai toujours du vin français.
   Les psychiatres résoudront toujours des problèmes.
   Nous prendrons toujours nos repas au drug-store.

5. On brûle encore les sorcières aujourd'hui.
   Les hommes approuvent encore le Mouvement de Libération des Femmes.
   Je suis encore pour la peine de mort.

6. J'aurai du courage aussi.
   Mes amis consultent des avocats aussi.
   Elle avait des difficultés psychologiques aussi.

2. Donnez le contraire des phrases suivantes.

   MODÈLE : La mode féminine est déjà le fait d'une élite.
   La mode féminine n'est pas encore le fait d'une élite.

   1. La gastronomie n'est pas encore une religion en France.
   2. J'ai encore de la soupe dans mon assiette.
   3. Tu fumais déjà!
   4. Ils ne restent plus fidèles à leurs traditions.
   5. À ce moment là, les Américaines aimaient encore faire la cuisine, n'est-ce pas?
   6. J'aime ça aussi!

B   Les Temps composés

J'ai bu	Je **n'**ai **pas** bu
1. J'ai **toujours** bu du vin.	1. Je **n'**ai **jamais** bu de vin.
2. J'ai bu **beaucoup de** vin.	2. Je **n'**ai **pas** bu **beaucoup de** vin.
3. J'ai **encore** bu du vin.	3. Je **n'**ai **plus** bu de vin.
4. J'ai **déjà** bu du vin.	4. Je **n'**ai **pas encore** bu de vin.
5. J'ai bu du vin **aussi.**	5. Je **n'**ai **pas** bu **de** vin **non plus.**

REMARQUEZ   — À un temps composé, *ne* se place avant l'auxiliaire; l'autre partie de la négation se place en général entre l'auxiliaire et le participe passé.

— Quand la négation a trois parties, la troisième partie se place en général après le participe passé (phrases 2 et 5).

— Remarquez que ce n'est pas le cas pour la phrase 4.

EXERCICE   Mettez les phrases suivantes à la forme négative.

   MODÈLE : Ce film a marqué la fin d'une époque.
   Ce film n'a pas marqué la fin d'une époque.

   1. L'article a causé de l'émotion.
   2. Les Californiens ont fait des vins remarquables.
   3. J'ai toujours humilié mes ennemis.
   4. J'aimerais aussi rencontrer le Diable.
   5. Il avait déjà fait de l'auto-stop.
   6. Leurs victimes ont beaucoup souffert. (deux formes)
   7. La bourgeoisie est devenue la classe dominante.
   8. Ils avaient déjà décidé de se suicider.

II La Négation porte sur un groupe du nom

GROUPE DU NOM SUJET	GROUPE DU NOM OBJET
Quelqu'un est venu vous voir? Non, **personne n'**est venu me voir.	Vous attendez quelqu'un? Non, je **n'**attends **personne.**
Quelque chose vous intéresse? Non, **rien ne** m'intéresse.	Vous voulez quelque chose? Non, je **ne** veux **rien.**

EXERCICE   Répondez négativement aux questions suivantes avec des phrases complètes.

MODÈLE :   Est-ce que quelqu'un approuve le chauvinisme?
Personne ne l'approuve.

1. Vous voulez quelque chose à manger?
2. Est-ce que quelqu'un a déjà lu ce chapitre? (Attention à *déjà!*)
3. Tu connais quelqu'un qui aime le vin de Californie?
4. Est-ce que quelque chose vous ennuyait?
5. Vous vous intéressez à l'acupuncture ou au yoga?
6. Quelque chose est arrivé hier?

III La Négation porte sur un infinitif

Je vous demande de venir dîner. Je vous demande de **ne pas** venir dîner.
Je crains d'être en retard. Je crains de **ne pas** être à l'heure.
Je pense avoir le temps. Je pense **ne pas** avoir le temps.

REMARQUEZ   — La négation porte seulement sur l'infinitif : venir dîner ou non, être à l'heure ou non, avoir le temps ou non.

— *Ne pas* se met en général *avant l'infinitif.*

EXERCICE   En utilisant les mots suivants — ou d'autres verbes de votre choix — faites huit phrases commençant par *Je vous demande de.* Ensuite, mettez les infinitifs à la forme négative.

MODÈLE :   rester indifférent à la gastronomie
   Je vous demande de rester indifférent à la gastronomie.
   Je vous demande de ne pas rester indifférent à la gastronomie.

1. fumer devant moi
2. être trop brillant
3. vous exprimer familièrement
4. mettre fin à ce spectacle
5. mettre en rage vos parents
6. voler dans les grands magasins
7. fréquenter les maisons hantées
8. croire à la justice humaine

IV   La Négation n'est pas totale

Je **n'**ai **que** cinq francs dans ma poche.
= J'ai seulement cinq francs dans ma poche.

REMARQUEZ   — Cette forme ressemble à la négation. C'est une forme intermédiaire entre l'affirmation et la négation : affirmation → *ne... que* → négation

— Quand *ne... que* est suivi d'un partitif, ce partitif est à la forme positive.
• { Je n'ai que *du* fromage.
   { Je n'ai que *des* journaux français.

— La place de *ne... que* est la même aux temps simples et aux temps composés : Je n'ai mangé que du fromage.

EXERCICE   Dans les phrases suivantes, remplacez *seulement* par *ne... que.*

MODÈLE :   Les jeunes achètent seulement des gadgets.
   Les jeunes n'achètent que des gadgets.

1. Je voulais seulement des plats somptueux.
2. Vous buvez seulement de l'eau!
3. Elle mange seulement trois fois par jour.
4. Les surgelés existent depuis vingt ans seulement.
5. Mon oncle Philibert vit seulement pour manger.
6. Elle fréquente seulement des drogués.

UN PEU DE VOCABULAIRE

1. Pendant deux heures et quart, on les voit avaler des plats somptueux, jusqu'à la mort.
   — *On les voit avaler des plats.* Sur ce modèle, faites une phrase avec *voir se suicider, voir boire des vins remarquables, entendre crier, entendre partir.*
   — *Des plats somptueux* : donnez au moins deux synonymes pour *somptueux.*

2. Le film de Marco Ferreri constitue la dénonciation la plus impitoyable de cette gourmandise bien française qu'on affecte de considérer comme un « péché mignon. »
   — Exprimez *impitoyable* de deux façons différentes.
   — Qu'est-ce que c'est que *la gourmandise?*
   — Au sens le moins péjoratif du mot, la gourmandise n'est qu'un péché mignon. Qu'est-ce que c'est qu'un *péché mignon?*
   — Au sens péjoratif du mot, cependant, la gourmandise est un des sept péchés capitaux. Qu'est-ce que c'est qu'un *péché capital?* Voici les six autres; expliquez en quelques mots en quoi consiste chacun : l'orgueil, l'envie, l'avarice, la luxure, la colère, la paresse.

3. Le rite de la table se perd.
   — Qu'est-ce que c'est qu'un *rite?* À quel vocabulaire appartient ce mot? Si on l'emploie ici, qu'est-ce que cela nous dit sur la manière dont les Français dînaient autrefois?
   — Donnez au moins deux synonymes pour *se perdre.* Que veut dire *se perdre* au sens propre : *Ils se sont perdus dans la forêt?*

4. Il est impensable que des gourmets — ou prétendus tels — acceptent de gaieté de coeur l'envahissement de la France et de ses cuisines par quelque chose d'aussi innommable, que je me suis toujours refusé à manger.
   — *Il est impensable* : exprimez cela d'une autre façon.
   — Qu'est-ce que c'est qu'un *gourmet?*
   — Et qu'est-ce que c'est qu'un *prétendu gourmet?* Un *prétendu expert?* Voici un synonyme : *soi-disant;* employez le dans une phrase.
   — Accepter quelque chose *de gaieté de coeur,* c'est l'accepter comment?
   — Donnez un synonyme pour *l'envahissement.* Le verbe est *envahir;* employez-le dans une phrase.
   — Que signifie *cuisine* ici? On dit aussi *la cuisine française* : qu'est-ce que c'est?
   — Que veut dire *innommable* — d'abord au sens propre, ensuite au sens figuré?

5. Quelle mouche vous a piqués, vous qui prétendez défendre les bons produits français?
   — *Quelle mouche vous a piqués* : que signifie cette expression au sens propre? (piquer = blesser légèrement, comme avec une aiguille)
   — Que veut dire *prétendre?* (Attention : ce n'est pas *feindre, faire semblant de.*)

6. En France, la gastronomie demeure un art, mais elle a cessé d'être une religion.

— Qu'est-ce que c'est que *la gastronomie*?

— Donnez un synonyme pour *demeure*.

— *Elle a cessé d'être une religion* : dites cela d'une autre façon. Employez *cesser de* dans une autre phrase.

IMAGINONS / DISCUTONS

1. Au cours de ce repas, le Président de la République a présenté la Légion d'honneur à Paul Bocuse (le troisième à partir de la gauche). La Légion d'honneur est une décoration très enviée (*coveted*), créée par Napoléon pour récompenser surtout les exploits militaires de ses soldats.

— La Légion d'honneur à un cuisinier! Qu'en pensez-vous? Trouvez-vous cela un peu exagéré? Pourquoi ou pourquoi pas?

— Qu'est-ce que ce fait indique vis-à-vis des valeurs traditionnelles de la France? Quelle sorte de société estime tellement la cuisine et les cuisiniers?

Les cuisiniers les plus célèbres de France préparent un repas pour le Président de la République dans les cuisines de l'Élysée.

— Qu'est-ce que ce dessin nous montre? Faites sa description. Quelle est l'intention du dessinateur? Quel point de vue exprime-t-il? Êtes-vous d'accord avec lui? Expliquez.

— Est-il concevable que le gouvernement présente une décoration à un cuisinier aux États-Unis? Sinon, pourquoi pas? Qu'est-ce que cela nous dit des moeurs américaines? Commentez. (moeurs = habitudes, manière de vivre)

IMAGES, pp. 174, 175, 186

2. Fin d'une époque?

— Regardez de nouveau ces images, et rappelez-vous l'expression « le rite de la table, » tirée d'un des textes que vous avez lus. Quelles conclusions peut-on tirer en ce qui concerne la manière traditionnelle dont on dîne en France?

IMAGE, p. 177

— Regardez maintenant cette image. Quelles différences remarquez-vous? Cette scène se passe dans la France des années soixante-dix; est-ce qu'elle vous semble quand même familière? Pourquoi? Soyez précis. Quelle influence se manifeste ici?

— Alors, quelle évolution voyez-vous dans la manière de vivre des Français? Est-ce que vous approuvez ou condamnez cette évolution? Pourquoi?

— Et vous, est-ce que vous vous intéressez moins à la nourriture qu'à d'autres valeurs : voyages, vêtements, disques, gadgets? Pourquoi? Expliquez.

IMAGE, p. 172

3. Les vaches qui rient.

— Comment sont ces vaches? Faites leur description. Quelle sorte de vie ont-elles l'air de mener?

— Quelle ambiance (*atmosphere*) cette réclame (*ad*) crée-t-elle? Quel état d'esprit veut-elle faire naître chez le spectateur? Dans quel but fait-on une telle publicité?

— Quel effet cette réclame produit-elle sur vous personnellement? Ses créateurs ont-ils réussi, oui ou non, dans leurs intentions? Expliquez.

— *Excusez-moi de vous déranger* [disturb], *je ne viendrai plus si vous le permettez, car, ça m'ennuie beaucoup de vous le dire mais je ne ressens plus aucun sentiment de culpabilité.*

LA FOLIE[1]

12

Non, vous n'êtes pas étudiant! Vous jouez à être étudiant, pour devenir vraiment étudiant à vos propres yeux comme à ceux des autres... C'est du moins la thèse du sociologue Erving Goffman (« Acteurs sans le savoir »).

Alors, nous sommes tous fous? Et combien les asiles psychiatriques enferment-ils de fous qui ne sont pas fous? Impossible de répondre (« Je ne suis pas fou! »). Cette situation indigne Michel Foucault, célèbre professeur au Collège de France (« L'Opinion de Michel Foucault »).

---

[1] *madness*

Acteurs sans le savoir

Vous êtes normal, vous?

— Bien sûr! Enfin... j'agis° normalement.

— Qu'est-ce que ça veut dire : « normalement »?

— Ça veut dire... « naturellement ».

— Eh non, ça ne veut pas dire ça!

— Alors, « comme tout le monde » si vous préférez.

— Là, je suis d'accord!

Ce court dialogue va plus loin qu'il ne semble. Pensez à ceci : dans les rues, les piétons se cognent° assez rarement les uns aux autres. Est-ce naturel?

— Pas du tout, répond le sociologue américain Erving Goffman. C'est même le résultat d'un travail d'ajustement extrêmement complexe. Ça fait partie d'une énorme mise en scène° à laquelle nous participons tous. Dès que° nous sommes dans la rue, nous commençons à émettre une série de signaux, que nous essayons de rendre le plus « lisibles »° possible, indiquant aux autres notre direction, notre vitesse, parfois même notre but. En même temps, nous captons les signaux qu'autrui émet à notre intention. Tous ces signaux sont presque entièrement inconscients.

Et cette mise en scène de la vie quotidienne est bien loin de s'arrêter là... En fait, tous les actes qui impliquent une relation avec autrui, tous ces actes que nous croyons « naturels », sont « joués », afin d'être interprétés et compris. Et notre sociologue rappelle à cette occasion un célèbre passage de *L'Être et le néant*

---

act

les... pedestrians bump into one another

mise... staging, production

dès que as soon as

legible

de Jean-Paul Sartre,[2] dans lequel un garçon de café « joue au garçon de café » pour devenir vraiment un garçon de café à ses propres yeux et à ceux d'autrui.

Pourquoi toute cette mise en scène? Parce qu'il existe, à un certain moment et pour un certain groupe, des « apparences normales » qui nous rassurent. Si nous voulons rassurer autrui, c'est donc ces apparences normales qu'il faut donner... surtout si nos intentions sont mauvaises! Et ces apparences « normales » ne sont pas « naturelles » : voyez par exemple à quel point notre comportement est différent quand nous sommes seuls et quand

---

[2] *L'Être et le néant* (*Being and Nothingness*) est un livre important du philosophe et écrivain Jean-Paul Sartre, le plus célèbre des existentialistes français.

nous sommes accompagnés. Accompagnés, nous pouvons nous permettre plus de gestes. Seuls, nous devons nous conduire plus « normalement ». Sinon, on nous prend pour des fous! Le fou n'est donc pas celui qui ne sait pas « jouer », mais celui qui refuse les rites acceptés par la majorité.

En fait, voyez comment nous nous dépêchons de « réparer »,° dès que nous avons violé involontairement l'un de ces rites : quand nous avons marché sur le pied de quelqu'un par exemple, justement° pour montrer que nous ne sommes pas fous!

Dans notre comportement social donc, tout est jeu, tout est rite. Regardez la façon dont on occupe un ascenseur° : le premier à y pénétrer se place près des boutons, le second se met en diagonale par rapport au premier, le troisième va s'installer dans l'autre coin disponible, jusqu'aux derniers, qui se mettront au milieu. Au-dessus de six ou sept personnes, la loi ne s'applique plus et on s'entasse° indistinctement.° De même, dans le métro bondé,° on tolère très bien un coude° inconnu dans ses côtes,° mais dans un cinéma où il n'y a que deux ou trois personnes, allez donc vous asseoir juste à côté de l'une d'elles! Et venez me raconter la suite°... si vous osez!

Adapté d'un article de Madeleine Chapsal, *L'Express.*

Je ne suis pas fou!

Combien les asiles psychiatriques enferment-ils de fous qui ne sont pas fous?

C'est la question à laquelle a tenté de répondre le Dr. Rosenhan, professeur de psychologie et de droit° à Stanford. Il a donc constitué une équipe — quatre hommes et trois femmes —

atone

precisely

elevator

pile in / indiscriminately
crowded / elbow / ribs

what happened next

law

composée de trois psychologues, d'un pédiatre,° d'un peintre, | pediatrician
d'une mère de famille, et d'un seul psychiatre. Tous parfaitement
normaux, « sains d'esprit ». Ils ont choisi des hôpitaux publics et
privés, répartis° dans cinq états des États-Unis. Les sept « faux | distributed
fous » se sont présentés à la consultation pour troubles halluci-
natoires. Pas de comportement excessif, pas d'agitation. Une
seule phrase :

— J'entends des voix.

— Que vous disent-elles?

— Elles me parlent de vide,° de chute.° | emptiness / falling

Sans hésitation, les psychiatres ont considéré ces consultants
comme de vrais malades. Diagnostic : « schizophrènes »° pour la | schizophrenics
plupart, « maniacs-dépressifs »° pour les autres. | manic-depressives

À l'hôpital, les cobayes du Dr. Rosenhan se sont conduits° le | se... behaved
plus « normalement » possible. Ils n'ont rien caché de leur vraie
vie familiale, ils ont dit qu'ils se sentaient très bien et qu'ils
voulaient sortir. À tous, ils répétaient le même « vérité » : « Je n'ai
jamais entendu de voix et je ne suis pas malade. » Ils ne se
cachaient pas de prendre des notes, comme des gens qui veulent
garder un souvenir précis de leur passage à l'hôpital. Les seules
personnes qui comprirent que les cobayes n'étaient pas fous
furent... quelques vrais fous :

— Vous n'êtes pas fous, a dit l'un d'eux. Vous êtes un journaliste, ou un professeur, ou quelqu'un qui vient faire une enquête
sur l'hôpital.

Il serait trop long de raconter les rapports déprimants° des | depressing
cobayes avec les psychiatres et les surveillants. Mais le plus
difficile fut, pour ces cobayes, de sortir de l'hôpital. Le plus
heureux° n'y resta que sept jours. Un malchanceux dut° attendre | le... the luckiest / had to
cinquante-deux jours. Trois perdirent patience : ils prirent la fuite.
Après cette expérience, le Dr. Rosenhan a refusé d'accabler° les | denounce
médecins et le personnel infirmier.° En revanche, il a accusé le | le... the nursing staff
système hospitalier de fabriquer des malades. Parce que c'est lui
à qui la société demande de la débarrasser° de ses « déviants », | rid
tous ceux qu'elle ne considère pas comme « normaux ».

Adapté d'un article de Jean V. Manevy, *L'Express*.

Michel Foucault, vu par Wiaz.

L'Opinion
de Michel Foucault

Je ne sais quelle sera la fortune° scientifique de cette expérience. Je pense seulement qu'il faut encourager à la généraliser° partout où c'est possible. Partout où un pouvoir° se cache sous le savoir,° la justice, l'esthétique, l'objectivité, l'intérêt collectif, il faut placer une petite boîte noire à la fois piège et révélateur.[3] Je songe à° une variante de l'expérience américaine : introduire secrètement dans une équipe de médecins psychiatres des gens d'un groupe social analogue — économistes, avocats, ingénieurs — qu'on aurait initiés en trois semaines au vocabulaire et aux techniques de base de la psychiatrie d'hôpital. Qui les reconnaîtrait?

L'opinion de Michel Foucault, professeur au Collège de France, sur l'expérience du Dr. Rosenhan : *Le Nouvel Observateur*

°outcome

encourager... make it a
  standard practice
power / knowledge

songe à can imagine

---

[3] La « petite boîte noire » imaginaire est le stratagème quelconque — par exemple, une équipe comme celle de Rosenhan — qu'on emploierait pour prendre au piège (*trap*) le pouvoir caché et en même temps le révéler au monde.

EXERÇONS-NOUS

LA PHRASE PASSIVE

Avez-vous remarqué que, quand vous racontez une histoire qui vous est arrivée, à vous, presque toutes les phrases commencent par un mot merveilleux : *Je?*

C'est vrai pour les phrases où vous avez fait quelque chose (phrase *active*). C'est vrai aussi pour les phrases où vous avez subi (*undergone*) quelque chose (phrase *passive*) : J'ai été blessé par un camion.

Si vous ne savez pas employer le passif, vous ne saurez raconter que la moitié de votre histoire!

▌ **Qu'est-ce qu'une phrase passive?**

Voici une phrase active et une phrase passive. Comparons-les :

	GROUPE DU NOM SUJET		GROUPE DU NOM OBJET DIRECT
1.	**Le problème de la folie**	passionne	**Paul.**
2.	**Paul**	est passionné	**par le problème de la folie.**
	GROUPE DU NOM SUJET		GROUPE PRÉPOSITIONNEL

REMARQUEZ
— L'idée est la même dans les deux phrases mais, dans la phrase 1, vous insistez sur *le problème de la folie,* et dans la phrase 2, vous préférez insister sur *Paul.*
— Dans la phrase 1 (active), le groupe du nom sujet *fait l'action.*
— Dans la phrase 2 (passive), le groupe du nom sujet (Paul) *subit l'action.*
— Dans la phrase 1, le verbe est au présent de l'indicatif, et dans la phrase 2, il est composé de : l'auxiliaire *être* + le participe passé du verbe *passionner.*
— Le groupe prépositionnel commence quelquefois par *par* (phrase 2). Il commence quelquefois par *de* : Paul est accompagné *de* son père.
— Le verbe *passionner* a un objet direct (Paul).
   • Les verbes qui peuvent prendre un *objet direct* sont les seuls verbes qu'on peut mettre au passif.
   • Les autres verbes (objet indirect ou pas d'objet) ne peuvent pas être mis au passif.

EXERCICE Voici des phrases actives. Tranformez-les en phrases passives.

MODÈLE :   Les apparences normales nous rassurent. (par)
Nous sommes rassurés par les apparences normales.

1. Le psychologue n'accuse pas les médecins. (par)
2. Les êtres humains émettent des signaux. (par)
3. Les Martiens envahissent la terre. (par)
4. Les fous reconnaissent les cobayes. (par)
5. Le gardien accompagne le fou. (*par* ou *de*, au choix)

II   **Phrase passive sans groupe prépositionnel**

1. $\begin{cases} \textbf{Paul} \text{ met la table.} \\ \text{La table est mise } \textbf{par Paul.} \end{cases}$

2. $\begin{cases} \textbf{On} \text{ met la table.} \\ \text{La table est mise.} \end{cases}$

REMARQUEZ   — Dans les phrases 1, vous insistez sur le fait que c'est Paul qui met la table.
— Dans les phrases 2, vous insistez sur le résultat : le fait que la table est mise. Par qui? Ça ne vous intéresse pas : pas de groupe prépositionnel.

EXERCICE Voici des phrases passives au présent. Transformez-les en phrases actives avec *on* :

MODÈLE :   Des signaux sont émis.
On émet des signaux.

1. La terre est envahie.
2. Les cobayes sont reconnus.
3. Les fous sont accompagnés.

4. Pierre est prévenu (*warned*).
5. Tous ces actes sont joués.

III   **Comment reconnaître le temps d'une phrase passive?**

PRÉSENT	Les fous **sont** accompagnés.
PASSÉ COMPOSÉ	Les fous **ont été** accompagnés.
IMPARFAIT	Les fous **étaient** accompagnés.
FUTUR	Les fous **seront** accompagnés.

REMARQUEZ — Une phrase passive peut être au présent, mais aussi au passé composé, à l'imparfait, etc.

— Le temps d'une phrase passive est celui du verbe *être*.

EXERCICES 1. Transformez ces phrases passives en phrases actives. Ne changez jamais le temps du verbe.

MODÈLE : Ces rites étaient acceptés par la majorité.
La majorité acceptait ces rites.

1. Pierre a été passionné par ce film.
2. La terre sera envahie par les Martiens.
3. La table était déjà mise.
4. Le fou est frappé par son gardien.
5. Des signaux ont été émis par les piétons.

2. Mettez les phrases passives de l'exercice de la section II (page 197) au passé composé.

3. Reprenez les phrases actives de l'exercice de la section I (page 197). Mettez-les d'abord au passé composé, puis à la forme passive.

MODÈLE : Le problème de la folie passionne Paul.
Le problème de la folie a passionné Paul.
Paul a été passionné par le problème de la folie.

IV Ne confondez pas! (*Don't confuse!*)

---

1. Pierre **est** prévenu.
2. Pierre **est** fou.
3. Pierre **est** allé à l'école.

REMARQUEZ — Seule la phrase 1 est une phrase passive (= on prévient Pierre).

— Dans la phrase 2, *fou* est un adjectif.

— Dans la phrase 3, *est allé* est le passé composé du verbe *aller*. C'est une phrase active.

EXERCICE Voici huit phrases. Quatre sont des phrases passives; transformez-les en phrases actives. Expliquez les quatre autres.

1. Longtemps, la gastronomie a été importante.
2. Cette dame a été vue chez Maxim (restaurant parisien célèbre).
3. Cette bouteille a été ouverte trop tôt.
4. Ils sont retournés chez eux à pied.

198

5. Cette mode était ridicule.
6. Cette pièce (*play*) est considérée comme très importante.
7. Le coupable est condamné à mort.
8. Le juge est arrivé en retard.

V   **Quelquefois la forme passive est possible... mais il vaut mieux l'éviter!**

> 1. Paul est passionné par ce roman.
> 2. Ce roman est lu {par Paul. / par moi.

REMARQUEZ   — La phrase 1 est une phrase naturelle : « roman » est *une chose*.

— La phrase 2 est une phrase gauche (*awkward*) : « Paul » et « moi » sont *des personnes*.

— Conclusion : pour plus de sûreté (*to play it safe*), utilisez seulement des phrases passives avec : *par + une chose*.

EXERCICE   Indiquez quelles phrases vous paraissent naturelles et quelles phrases vous paraissent gauches. Transformez les phrases gauches en phrases actives.

MODÈLE :   Ce roman est lu par Paul. (gauche)
Paul lit ce roman.

1. Les oiseaux sont chassés (*chased away*) par le froid.
2. Les oiseaux sont chassés (*hunted*) par le chasseur.
3. Les oiseaux sont chassés par nous.
4. Jean est intéressé par son professeur.
5. Jean est intéressé par ce livre.
6. Cette dame a été vue par moi.
7. Ce malade a été affaibli (*weakened*) par la douleur.

UN APERÇU SUR LE DISCOURS INDIRECT

Quand vous racontez une histoire à un ami ou une amie, vous devez constamment faire un choix : ou bien *citer* (*quote*) *directement* ce que quelqu'un a dit, ou bien le *citer indirectement*. La seconde façon (la forme indirecte, le discours indirect) est la plus habituelle, en français comme en anglais.

Remarquez encore que, quand vous racontez une histoire, le temps habituel est le passé : *"Then she told me that . . . "* En français, c'est le passé composé : « Alors, elle m'a dit que... »

La Phrase déclarative avec dire

1. Mme Roland a dit : « Le monde **appelle** fous ceux qui ne **sont** pas fous de la folie commune. »

   Mme Roland a dit que le monde **appelait** fous ceux qui n'**étaient** pas fous de la folie commune.

2. Michel Foucault a dit : « Je ne **sais** quelle **sera** la fortune scientifique de cette expérience. »

   Michel Foucault a dit qu'il ne **savait** pas quelle **serait** la fortune scientifique de cette expérience.

3. Robert Badinter a dit : « Il y **a eu,** après la dernière guerre, une tendance à la suppression de la peine de mort. »

   Robert Badinter a dit qu'il y **avait eu,** après la dernière guerre, une tendance à la suppression de la peine de mort.

REMARQUEZ — À la forme indirecte, certains temps du verbe changent :

présent → imparfait
appelle → appelait (phrase 1)

futur → conditionnel
sera → serait (phrase 2)

passé composé → plus-que-parfait
il y a eu → il y avait eu (phrase 3)

— Dans ces phrases, l'imparfait n'est pas un « vrai » imparfait; le conditionnel n'est pas un « vrai » conditionnel. La langue française emprunte (*borrows*) seulement les formes de l'imparfait et du conditionnel pour exprimer le discours indirect.

— Dans la phrase 3, c'est différent; il existe en français un temps qui est fait spécialement pour situer une action dans le passé par rapport à une autre action dans le passé : le plus-que-parfait.

— Les autres temps ne changent pas : l'imparfait, le plus-que-parfait, le conditionnel présent et passé.

EXERCICE   Mettez les phrases suivantes au discours indirect.

MODÈLE :   Mme Roland a dit : « Le monde appelle fous ceux qui ne sont pas fous de la folie commune. »
Elle a dit que le monde appelait fous ceux qui n'étaient pas fous de la folie commune.

1. Le petit garçon a dit : « Je suis mineur. Je ne parlerai qu'en présence de mon avocat. »
2. Quelqu'un a dit : « Un idiot pauvre est un idiot. Un idiot riche est un riche. » (Attention : quelqu'un a dit que... et que...)
3. Un ancien détenu a dit : « Mon impression est que celui qui vole est quelqu'un qui se met instinctivement en opposition avec le Système. »
4. Les journaux ont dit : « Bientôt, M. Obrecht tirera deux fois sur la ficelle, et il deviendra riche. »
5. Robert Badinter a dit : « Les assassins ne commenceront jamais, précisément parce qu'ils sont des assassins! »
6. Il a dit aussi : « J'avais fait, il y a quelques années, une carte des pays qui avaient aboli la peine de mort et de ceux qui la conservaient. »

II   La Phrase déclarative avec d'autres verbes

Il a affirmé : « Je ne **me sens** pas coupable. »
Il a affirmé qu'il ne **se sentait** pas coupable.

REMARQUEZ   — On peut remplacer le verbe *dire* par d'autres verbes, qui permettent d'exprimer d'intéressantes nuances.

— Les modifications de temps sont exactement les mêmes que pour le verbe *dire*.

— Les 9 principaux verbes : répondre, affirmer, expliquer, ajouter, écrire, avouer, déclarer (exprimer en public), constater (*remark, note;* la chose est sûre), prétendre (*claim, assert;* la chose n'est pas vérifiée, il y a doute).

1. Refaites l'exercice précédent en remplaçant le verbe *dire* par un autre verbe, celui qui vous semblera le plus exact.

   MODÈLE : Mme Roland a dit : « Le monde appelle fous ceux qui ne sont pas fous de la folie commune. »
   Mme Roland a affirmé que le monde appelait fous ceux qui n'étaient pas fous de la folie commune.

2. Faites neuf autres phrases au discours indirect en utilisant une fois chacun des neuf verbes. Pour vous aider, voici quels pourraient être les auteurs de ces phrases : le Président de la République, un journaliste du *New York Times,* mon professeur, un porte-parole (*spokesman*) du F.B.I., un soi-disant révolutionnaire, ce politicien corrompu (*corrupt*), mon astrologue.

III La Phrase interrogative

A Le Mot interrogatif change

> 1. **Est-ce que** vous êtes coupable?
>   Il m'a demandé **si** j'étais coupable.
> 2. **Qu'est-ce qui** vous fait dire cela?
>   Il m'a demandé **ce qui** me faisait dire cela.
> 3. { **Qu'est-ce que** vous dites?
>   { **Que** dites-vous?
>   { Il m'a demandé **ce que** je disais.

REMARQUEZ
— Les changements de temps se font exactement de la même façon que dans la phrase déclarative.
— Les trois mots interrogatifs changent :
  • est-ce que? → si
  • qu'est-ce qui? → ce qui
  • qu'est-ce que? que? → ce que
— Avec le style indirect : *pas de point d'interrogation.*

EXERCICE
Remplacez le discours direct par le discours indirect.

MODÈLE : Est-ce que vous connaissez Mme Roland?
Il m'a demandé si je connaissais Mme Roland.

1. Est-ce que vous avez lu Sartre?
2. Est-ce que Sartre est un écrivain américain?
3. Qu'est-ce que vous pensez de Michel Foucault?
4. Qu'est-ce qui vous a frappé le plus dans ce chapitre?
5. Est-ce que vous approuvez l'expérience du Dr. Rosenhan?
6. Qu'est-ce que vous feriez si vous étiez dans un asile psychiatrique? (Attention : *pas de changement de temps!*)

B   Le Mot interrogatif ne change pas

1. { **Où** avez-vous entendu cette histoire?
   { **Où** est-ce que vous avez entendu cette histoire?
   { Il m'a demandé **où** j'avais entendu cette histoire.

2. { **Quand** as-tu compris la vérité?
   { **Quand** est-ce que tu as compris la vérité?
   { Il m'a demandé **quand** j'avais compris la vérité.

REMARQUEZ   — Avec *où, quand*, et la plupart des autres mots interrogatifs (*comment, pourquoi*, etc.), au discours indirect :
- Il n'y a pas d'inversion sujet / verbe.
- On n'emploie pas *est-ce que*.

EXERCICE   Inventez six questions commençant par *où, quand, comment, pourquoi, avec qui, pour qui?* Mettez-les ensuite à la forme indirecte.

MODÈLE :   **À quoi s'oppose Michel Foucault?**
Il m'a demandé à quoi Michel Foucault s'opposait.

UN PEU DE VOCABULAIRE

1. Ça fait partie d'une énorme mise en scène à laquelle nous participons tous.
   — Que signifie ici *faire partie de?* Employez-le dans une phrase.
   — Exprimez *énorme* d'une autre façon.
   — Qu'est-ce que c'est qu'une *mise en scène?* Expliquez. Ce mot appartient au vocabulaire de quelle profession? Alors, qu'est-ce que c'est que le *metteur en scène* d'un film, d'une pièce?
   — Employez *participer à* dans une phrase.

2. Il existe, à un certain moment et pour un certain groupe, des « apparences normales » qui nous rassurent.
   — Que signifie *les apparences?* Souvent, ce mot a quelque chose de légèrement péjoratif; pourquoi?
   — *Rassurer quelqu'un,* qu'est-ce que c'est?

3. En fait, voyez comment nous nous dépêchons de « réparer », dès que nous avons violé involontairement l'un de ces rites.
   — Que veut dire *se dépêcher?* Donnez un synonyme.
   — Donnez un synonyme de *dès que.* Employez-le dans une phrase.
   — Que signifie *violer?*
   — *Involontairement* : dites cela d'une autre façon.

4. Dans notre comportement social donc, tout est jeu, tout est rite.
   — Qu'est-ce que c'est que *le comportement social?* Expliquez.
   — Quelle est la force de *donc* dans cette phrase? Rappelez-vous le célèbre raisonnement du philosophe Descartes : *Je pense, donc je suis.*
   — *Donc* s'emploie aussi quand il ne s'agit pas de raisonnement. Quelle est la force de *donc* dans les phrases suivantes : *Il n'a donc rien fait! Regardez donc! Qu'avez-vous donc?* Employez *donc* dans une phrase similaire.
   — Que signifie *jeu* ici? Notez bien : ce nom correspond au verbe *jouer,* mais si les enfants jouent, les acteurs jouent aussi!
   — *Jeu* et *rite* suggèrent des choses assez différentes, mais qui ont quand même quelque chose en commun. Qu'est-ce que c'est? (spontané, calculé)

5. À l'hôpital, les cobayes se sont conduits le plus normalement possible.
   — *Se conduire normalement* : dites cela d'une autre façon. Le substantif est *la conduite* : employez-le dans une phrase, puis donnez un synonyme.
   — *Le plus normalement possible.* Sur ce modèle, faites une phrase avec chacun des adverbes suivants : *plus tôt, plus vite, moins cher.*

6. C'est le système hospitalier à qui la société demande de la débarrasser de ses « déviants ».

   — Qu'est-ce que c'est que *débarrasser quelqu'un de quelque chose?* Employez *débarrasser* dans une phrase.

   — Que signifie *déviants?* Expliquez.

IMAGINONS / DISCUTONS

1. Vous êtes membre de l'équipe du professeur Rosenhan. Racontez au passé tout ce qui vous est arrivé : votre entretien avec les psychiatres; vos expériences à l'hôpital — les fous, les médecins, les surveillants — comment vous avez fini par sortir; vos conclusions personnelles.

   Vocabulaire supplémentaire :
   un désordre, une maladie mentale, stéréotypé, bizarre,
   bâillonner (*to gag*), une camisole de force (*straitjacket*),
   un symptôme, la dépersonnalisation, regarder dans les yeux,
   adresser la parole à, gifler (*to slap*), torturer.

   IMAGE, p. 188

2. Je n'ai plus besoin de vous!

   — Décrivez la pièce dans ce dessin. Quels détails révélateurs vous permettent de l'identifier? Soyez précis.

   — Alors, qui sont ces deux personnages? Qui parle? De quelle façon s'exprime-t-il?

   — Qu'est-ce que nous savons de l'autre? De leurs rapports?

   — Quel est le ton du dessin? Qu'est-ce que le dessinateur veut suggérer?

3. « Dans notre comportement social, tout est jeu, tout est rite. »

   — Que veut dire cette phrase? Expliquez.

   — Êtes-vous d'accord? Donnez des exemples, tirés et du texte et de votre expérience personnelle.

   — Selon l'article « Acteurs sans le savoir », pourquoi émettons-nous tous ces signaux presque inconscients dans la vie quotidienne?

   — Faites la distinction entre les adverbes *normalement* et *naturellement*. La différence est-elle superficielle ou profonde? Expliquez.

   — Quelle définition du fou l'article offre-t-il?

   — Quelles conclusions peut-on donc tirer vis-à-vis de la folie?

La Nef des fous, de Jérôme Bosch.

IMAGE, p. 206

4. L'asile psychiatrique : la nef des fous de nos jours?

   — Au seizième siècle, la société se débarrassait des fous en les entassant sur des bateaux (nefs). Ces bateaux étranges naviguaient d'une ville à l'autre, le long des fleuves et des canaux européens. Quelle solution différente la société moderne a-t-elle trouvée?

   — Est-ce que cette solution diffère beaucoup de la méthode ancienne, ou trouvez-vous que les deux ont quelque chose en commun? Expliquez.

   — À votre avis, est-ce qu'il existe un autre moyen de traiter les fous que de les enfermer dans un hôpital psychiatrique? Lequel?

SUJETS SUPPLÉMENTAIRES

1. Les psychiatres. Il y a beaucoup plus de psychiatres aux États-Unis qu'en France. Pourquoi, à votre avis? Est-ce un bien, est-ce un mal? Discutez.

IMAGE, p. 191

2. Ce dessin n'a pas de légende. Trouvez-en une et discutez-la.

   Vocabulaire supplémentaire :
         l'égoïsme (*m*), soi-même, autrui, un complexe,
         un miroir, se voir, se juger.

Les travailleurs émigrés demandent des augmentations de salaires.

PAS RACISTES, MAIS...

13 *Ce sont les sociétés et les cultures qui imposent une direction aux propriétés biologiques de l'homme. Pas l'inverse.*

C'est ce qu'affirme François Jacob, prix Nobel de biologie (« Le Racisme a-t-il des fondements scientifiques? »).

Les Français sont-ils racistes? Bien sûr, mais ni plus ni moins que les Américains ou les Zoulous. La sociologie nous explique que, dans certains cas, il est impossible de ne pas l'être : pas racistes, mais... (« Ils mangent notre pain »).

> L'étranger.[1] S'il s'agit d'un pays, ça va; on l'aime bien, on en rêve. C'est beau, le Maroc! C'est pittoresque. S'il s'agit d'une personne, alors là, on aime moins, on se méfie.° Les Arabes, c'est paresseux, c'est sale...
>
> Claude Sarraute, *Le Monde.*

on... one is wary

Le Racisme a-t-il des fondements scientifiques?

La race, qu'est-ce que c'est, pour un biologiste?

— Maintenant, la position des biologistes, c'est que les différences raciales représentent une adaptation biologique aux conditions dans lesquelles les populations ont vécu : la couleur de la peau est liée à la quantité d'insolation,[2] la taille° des individus à la chaleur, etc... Mais tous ces caractères,° bien sûr, ne sont pas absolus.

height
characteristics

— Et les différences « intellectuelles »?

— Là, on passe de la biologie au « biologisme, » c'est-à-dire à l'utilisation de la biologie pour justifier des hiérarchies de valeurs posées à priori. La thèse raciste est que les différences physiques recouvrent° des différences cachées d'ordre intellectuel. La peau

coincide with

---

[1] Ce mot peut désigner un pays ou une personne.
[2] insolation (*insolation*) : le fait d'être exposé aux rayons du soleil

Qu'est-ce qui vient d'abord : le facteur biologique ou le facteur culturel?

noire couvrirait une « âme noire ». Sur ce point, le racisme n'offre aucun argument solide. Les ambiguités du problème viennent de ce que° des différences socio-culturelles s'ajoutent aux diffé-rences biologiques. Je prends le mot culture dans son sens le plus vaste : façon de voir le monde, de manger, d'avoir des systèmes de mariage, d'élever les enfants, de masquer son corps par des habits, des tatouages, etc...

de... from the fact that

Or,° sur ce point, un renversement total s'est produit en biologie et en ethnologie depuis quelques années. Au lieu de

Now

Ils mangent notre pain...

penser que ce sont les qualités biologiques qui déterminent la forme de la culture, on constate au contraire que ce sont les sociétés et les cultures qui imposent une direction aux propriétés biologiques de l'homme.

— Est-ce qu'on peut expliquer les caractères « intellectuels » d'un homme par l'hérédité?

— En fait, la génétique ne sait pas encore analyser des propriétés comme l'intelligence, qui est dûe à l'interaction d'un grand nombre de facteurs. Tout ce qu'on peut dire, c'est que l'hérédité ne détermine pas la culture, contrairement à ce qu'ont prétendu les racistes; elle détermine seulement la capacité à adopter une culture. Les variations sont individuelles, et non pas raciales. Vous savez, dans une population quelconque, quelle que soit la classe sociale, on trouve toujours à peu près la même proportion d'imbéciles et de salauds!

Adapté d'un entretien avec François Jacob,
prix Nobel, professeur au Collège de France,
Le Nouvel Observateur.

Ils mangent notre pain...

« **V**oyez-vous ça! À présent, ils voudraient faire la loi chez nous. Ils mangent notre pain, ils nous enlèvent° notre travail, ils occupent nos logements. Si encore ils dépensaient chez nous l'argent qu'ils gagnent : au moins ça ferait marcher le commerce!° Mais non : toute leur paie, ils la renvoient dans leur pays! Il paraît qu'ils sont une dizaine à vivre dessus°... Mais dites-donc, on n'est plus maîtres chez nous! »

take away

ça... that would stimulate business

qu'ils... that some ten of them live on it

Il s'agit là, bien sûr, des étrangers en France. « Moi, je ne suis pas raciste, mais... » La France n'est pas raciste, mais...

C'est qu'il y a en France plus de trois millions de travailleurs étrangers : avant tout des Nord-Africains, des Espagnols, des Portugais, des Italiens et des Polonais. Une enquête récente a essayé de faire préciser° aux Français quelle était leur attitude vis-à-vis d'eux.

de... to clarify

(1) Pensez-vous que ces travailleurs soient utiles pour l'économie française?
— Oui : 68%.

C'était une question factuelle. Cette utilité est évidente : les travailleurs étrangers représentent à peu près 25% des ouvriers d'industrie, et environ 80% des O.S. à la chaîne[3] dans l'industrie automobile de la région parisienne. Si, du jour au lendemain,° tous les étrangers devaient° retourner chez eux, toute la production automobile française serait désorganisée.

du... overnight
were to

(2) Les travailleurs immigrés sont-ils plus souvent mêlés à des incidents (vols, violence, etc...) que le reste de la population?
— Oui, plus souvent : 50%.
— Non, pas plus : 43%.

Ce n'est pas exact : la criminalité n'est pas plus élevée chez les travailleurs immigrés que chez les autres travailleurs, bien qu'ils connaissent toutes les insécurités, toutes les misères matérielles, affectives, culturelles. Pourtant 50% des Français croient le contraire. Il s'agit là d'une opinion sans base rationnelle.

(3) Avez-vous peur de sortir seul(e) le soir dans les rues de votre ville? (dans les villes où le nombre de travailleurs immigrés est élevé).
— Oui : 38%.

---

[3] O.S. à la chaîne : *specialized assembly-line workers;* O.S. = ouvriers spécialisés : la catégorie la moins payée parmi les « ouvriers qualifiés ».

Avec cette question, on aborde° le domaine des fantasmes° sexuels, dont partout et de tout temps se sont nourris tous les racistes[4] : 38% (dont la moitié sont des femmes) ont peur de sortir seuls (seules) le soir. Là encore, c'est une peur irrationnelle, peur de l'étranger, de l'étrange, de « l'autre ».

Mais il y a autre chose : si les immigrés sont rejetés, ce n'est pas seulement parce qu'ils sont mal connus et mal compris. C'est surtout parce qu'ils sont de plus en plus nombreux. Les sociologues ont déterminé ce qu'ils appellent des « seuils° de tolérance » au delà desquels° une population, quelle qu'elle soit, accepte mal les étrangers : il y aurait des conflits dans les immeubles° abritant° plus de 15% d'étrangers; les élèves des classes primaires avec plus de 25% d'enfants étrangers seraient exposés à des difficultés pédagogiques; enfin, la présence de plus de 30% de malades étrangers dans un service hospitalier nuirait° à la bonne marche du service.

En somme,° au delà de ces seuils de tolérance, on s'exposerait à entendre, en français, en anglais, en espagnol ou en swahili, la fameuse phrase : « Mais dites-donc, on n'est plus maîtres chez nous! »

> Adapté d'un article de Michel Bosquet,
> *Le Nouvel Observateur.*

approaches / fantasies

levels, thresholds
au... beyond which

apartment houses / housing

would harm

In short

---

[4]dont... : *on which all racists... have always thrived*

EXERÇONS-NOUS

LA PHRASE IMPÉRATIVE

Dès qu'on évoque les problèmes racistes, la discussion s'échauffe (*heats up*). Chacun aime à donner des conseils, presque des ordres : Méfions-nous! Ne sortez pas seule le soir! Restons maîtres chez nous! Au contraire, soyons plus tolérants! Aime ton prochain! Ne juge pas trop vite!

Pour cela, il faut savoir utiliser la phrase impérative.

▌ La Forme positive

Donne ton avis sans hésitation!
Donnons notre avis sans hésitation!
Donnez votre avis sans hésitation!

REMARQUEZ
— L'impératif ne s'emploie qu'au temps présent.
— L'impératif ne s'emploie qu'avec des personnes (ou des êtres animés).
— L'impératif n'a que trois formes : la deuxième personne — singulier et pluriel — et la première personne du pluriel.
— Alors, comment faire pour exprimer l'idée d'impératif aux autres personnes? On emploie le subjonctif, mais les phrases obtenues donnent une impression très littéraire :
 • Que je sois maudit (*cursed*)!
 • Qu'il soit maudit!
 • Qu'ils soient maudits!
— Attention à la forme de l'impératif des verbes réfléchis!

Souviens-toi de l'histoire des cannibales?
Souvenons-nous de l'histoire des cannibales?
Souvenez-vous de l'histoire des cannibales?

EXERCICE Faites des phrases impératives en utilisant chacun des verbes suivants avec une des expressions données. Essayez d'utiliser les trois formes de l'impératif. Ensuite, justifiez votre pensée (Pourquoi?).

> MODÈLE : connaître un peu   les travailleurs immigrés
> **Connaissons un peu les travailleurs immigrés.**
> Pourquoi?
> **Ils sont mal connus.**
>
> se souvenir de   le passé
> **Souvenez-vous du passé.**
> Pourquoi?
> **C'est parfois utile.**

1. éviter	nos ennemis
2. avoir pitié de	la bombe atomique
3. être charitable envers	les femmes
4. se méfier de (*distrust, beware of*)	le Diable
5. faire confiance à (*trust, have faith in*)	tes semblables (*fellow men*)
6. lutter contre	la sexualité
7. traiter avec le plus grand respect	la conscience individuelle
8. se débarrasser de	le capitalisme
9. défendre (*defend*) vigoureusement	les sept péchés capitaux
10. encourager	les cannibales
	les étrangers
	le Système
	les voleurs
	les fous
	les assassins
	le rhum

II La Forme négative

> **Ne sois pas** un bourreau!
> **Ne conservons pas** la peine de mort!
> **Ne vous souvenez pas** du passé!

EXERCICE Refaites l'exercice précédent en mettant les phrases à la forme négative.

> MODÈLE : encourager   les fous
> **N'encouragez pas les fous!**
> Pourquoi pas?
> **Ils sont parfois dangereux.**

III   Avec des pronoms

A   Ordre des pronoms : forme positive

$$
\textit{verbe}
\begin{cases} le \\ la \\ les \end{cases}
\begin{cases} moi\ (m') \\ toi\ (t') \\ nous \\ vous \\ lui \\ leur \end{cases}
\quad y \quad en
$$

B   Ordre des pronoms : forme négative

$$
\textbf{NE (N')}
\begin{cases} me \\ te \\ se \\ nous \\ vous \\ se \end{cases}
\begin{cases} le \\ la \\ les \end{cases}
\begin{cases} lui \\ leur \end{cases}
\quad y \quad en \quad \textit{verbe} \quad \textbf{PAS}
$$

REMARQUEZ

— À la forme positive, on commence par le verbe et on met un trait d'union entre les pronoms (sauf pour *m'* et *t'*) :
- Donnez-les-lui!
- Donnez-m'en!

— À la forme négative, on commence par *ne*, on finit par *pas* et on met le verbe juste avant *pas*. On ne met pas de trait d'union.
- Ne les lui donnez pas!
- Ne m'en donnez pas!

EXERCICES

1. Mettez les phrases suivantes à la forme courte, puis à la forme négative :

MODÈLE :   Expliquez la loi aux voleurs.
   Expliquez-la-leur.
   Ne la leur expliquez pas.

1. Enlevez-moi mes préjugés.
2. Raconte tes crimes à ton avocat.
3. Cache-nous tes pensées secrètes.
4. Montre ton dessin à mon psychiatre.
5. Indiquons la meilleure méthode au président.
6. Rappelez-moi ce que vous m'avez dit.

218

2. Même exercice avec les phrases suivantes :

MODÈLE : Donne du travail aux étrangers.
Donne-leur-en.
Ne leur en donne pas.

1. Recommandez des surgelés aux gourmets.
2. Apportez-nous des plats luxueux.
3. Montrez des dessins à votre psychiatre.
4. Envoyons des Bibles aux cannibales.
5. Dites des insultes à vos ennemis!
6. Citez-moi des opinions irrationnelles.

UN APERÇU SUR LE VERBE *DEVOIR*

Le verbe *devoir* est très commode (*handy*) parce qu'il permet d'éviter le subjonctif :

Il doit prendre des notes. = Il faut qu'il prenne des notes. Mais il permet d'exprimer aussi deux autres idées : l'intention et la probabilité. Comment savoir quel sens choisir? C'est le contexte qui vous l'indique. De plus, *devoir* plus un objet direct correspond à l'anglais *to owe* : Il doit de l'argent.

	OBLIGATION	INTENTION, PROBABILITÉ
Il doit prendre des notes.	*He must take notes.* *He has to take notes.*	*He is (supposed) to take notes.* (intention) *He must be taking notes.* (probabilité)
Il devait prendre des notes.	*He had to take notes (all the time).*	*He was (supposed) to take notes.* (intention) *He must have been taking notes (all the time).* (probabilité)
Il a dû prendre des notes.	*He had to take notes (yesterday).*	*He must have taken notes (yesterday).* (probabilité)
Il devrait prendre des notes.	*He should take notes.* *He ought to take notes.*	
Il aurait dû prendre des notes.	*He should have taken notes.* *He ought to have taken notes.*	

— Le contexte permet de décider du sens :

- { — Regardez Jacques. Qu'est-ce qu'il fait?
  — Il *doit* prendre des notes. (*He must be taking notes.*)

- { — Tu n'est pas allé en classe hier?
  — Aucune importance : Jacques *devait* prendre des notes pour moi. (*Jacques was supposed to take notes for me.*)

EXERCICES

1. Refaites les phrases suivantes en employant le verbe *devoir*.

    MODÈLE : Ils sont probablement partis.
    Ils ont dû partir.

    1. Il faut qu'il s'en aille.
    2. Si seulement j'avais fait du stop en Europe!
    3. J'ai été obligé de consulter un avocat.
    4. Il est probable qu'elle est possédée par le Diable.
    5. Vous feriez bien de surveiller les prisonniers.
    6. On a sans doute gracié les condamnés à mort.
    7. Il leur fallait envoyer de l'argent chez eux.
    8. Il (*it*) n'est pas prévu (*planned*) qu'il soit exécuté avant mardi.

2. Choisissez dix des douze phrases suivantes. Pour chacune d'elles, faites deux séries de phrases en imitant le modèle suivant. Faites en sorte d'utiliser tous les temps de *devoir* employés dans le tableau (présent, imparfait, passé composé, conditionnel présent et passé).

    MODÈLE : agir normalement
    { **Je dois agir normalement.** (obligation)
    Pourquoi?
    Je travaille dans une banque.

    { **Il a dû agir normalement.** (probabilité)
    Pourquoi?
    Personne n'a critiqué sa conduite.

    1. offrir des arguments solides
    2. être fou
    3. brûler des sorcières
    4. rejeter des opinions sans base rationnelle
    5. entendre des voix
    6. s'intéresser à la gastronomie
    7. se fier aux apparences
    8. faire de l'auto-stop
    9. voler dans les grands magasins
    10. résoudre nos problèmes
    11. éviter le péché
    12. se battre contre Satan

UN PEU DE VOCABULAIRE

1. Tous ces caractères, bien sûr, ne sont pas absolus.
   — Qu'est-ce qu'un *caractère* : *les caractères* d'un homme, d'une race, d'un pays?
   — Alors, qu'est-ce que c'est qu'un *caractère absolu*, un *caractère relatif*? Citez des exemples de chacun.

2. Sur ce point, un renversement total s'est produit en biologie et en ethnologie depuis quelques années.
   — Qu'est-ce que c'est qu'un *renversement*?
   — Donnez au moins deux synonymes de *se produire,* et employez chacun dans une phrase.

3. Tout ce qu'on peut dire, c'est que l'hérédité ne détermine pas la culture, contrairement à ce qu'ont prétendu les racistes.
   — Que signifie *déterminer* ici?
   — *Contrairement à ce qu'ont prétendu les racistes* : dites cela d'une autre façon.

4. Ils nous enlèvent notre travail.
   — Que signifie *enlever quelque chose à quelqu'un*? Employez cette expression dans une phrase.

5. On n'est plus maîtres chez nous!
   — Qu'est-ce que c'est, *être maître chez soi*?
   — Que signifie alors *maîtriser quelqu'un ou quelque chose*? Employez ce verbe dans une phrase.

6. Les sociologues ont déterminé ce qu'ils appellent des « seuils de tolérance » au delà desquels une population, quelle qu'elle soit, accepte mal les étrangers.
   — Qu'est-ce qu'un *sociologue*?
   — Que signifie ici *déterminer* (par contraste avec la phrase 3 ci-dessus)?
   — Ici *seuil* s'emploie au sens figuré. Qu'est-ce qu'il veut dire au sens propre? (*le seuil d'une porte*)
   — Que signifie *au delà de*? Employez-le dans une phrase.
   — *Une population, quelle qu'elle soit* : dites cela d'une autre façon.
   — Si une population *accepte mal* les étrangers, qu'est-ce que cela veut dire?

IMAGINONS / DISCUTONS

IMAGES, pp. 211, 212

1. « Ils mangent notre pain! »

   — De qui parle-t-on? Qu'est-ce qu'on leur reproche?

   — Quelles trois questions a-t-on posées aux Français vis-à-vis des travailleurs étrangers, et quelles réponses ont-ils faites? Lesquelles de ces réponses peut-on qualifier « d'irrationnelles »?

Ils font tout ce que les Français refusent de faire.

— Comment expliquer de telles attitudes? Que nous dit la théorie des « seuils de tolérance »?

— Est-ce qu'il existe aux États-Unis des situations et des attitudes similaires? Lesquelles? Est-ce que la théorie des « seuils de tolérance » nous aide à les comprendre?

— Est-ce qu'il y a des cas où ces préjugés contre les étrangers ont diminué petit à petit ou même ont disparu? Comment est-ce que cela s'explique?

IMAGE, p. 222

2. Est-ce qu'il vous semble souhaitable — et possible — de diminuer les différences culturelles entre les races aux États-Unis?

— Comment les biologistes contemporains expliquent-ils les différences raciales?

— Quel rapport la théorie raciste établit-elle entre les différences biologiques et les différences culturelles? Ces arguments vous semblent-ils convaincants?

— Croyez-vous que la proportion d'imbéciles et de « salauds » soit à peu près la même dans toutes les races? Qu'en concluez-vous sur la possibilité de diminuer les différences culturelles entre les races?

SUJETS SUPPLÉMENTAIRES

1. Faut-il permettre à tous les émigrants qui le veulent de venir s'installer aux États-Unis? ou à certains seulement? Expliquez.

2. Vous connaissez probablement des immigrants, ou fils et filles d'immigrants, qui ont maintenant la nationalité américaine. D'après vos observations, qu'est-ce qui vous semble le plus fort chez eux : la fierté d'être devenus Américains, ou la fierté d'être « différents »?

HORIZON 2000

14 *Qu'il s'agisse des États-Unis ou de la France, les problèmes sont presque les mêmes. Ils s'appellent humanisation, responsabilité, urbanisation (« Quel avenir? »), mais aussi énergie (« L'Atome ou la catastrophe »), et : continuation de la croissance[1] industrielle, ou refus de cette croissance (« Croissance zéro? »). Ce ne sont pas des problèmes faciles, mais l'avenir est-il jamais facile?*

---

[1] *growth*

Quel avenir?

Un prévisionniste° — on dit aussi un futurologue — c'est une personne qui essaie de projeter dans l'avenir l'étude des mécanismes économiques, sociaux, culturels d'une société donnée et, quelquefois, d'offrir des suggestions pour un passage aussi souple° que possible de la société actuelle à la société future. Pierre Pigagnol est l'un des prévisionnistes français les plus connus.

— Quels sont, aujourd'hui en France, vos grands sujets d'inquiétude?°

— Il y en a trois. Le plus grave, c'est la difficulté croissante, pour chacun, dans la société actuelle, de jouer un rôle humain, un rôle responsable. La société industrielle qui évolue vers les très grosses unités de production a diminué ainsi le nombre des responsables. C'est donc toute la structure de l'entreprise et de l'Administration qu'il faut revoir.° Il faut reconnaître que nous n'avons presque rien fait pour les améliorer.

Mon deuxième sujet d'inquiétude, c'est l'évolution de l'urbanisation. Nous fabriquons des êtres humains complètement coupés de leur voisinage.° Et ce problème — comment maîtriser, comment aménager° la croissance des villes? — aucun pays au monde, même dans le camp socialiste, ne l'a résolu.

Troisième motif d'inquiétude, enfin : l'énergie et les matières premières.° Je pense que, vers 1983–1985, le monde connaîtra à nouveau une période d'une dizaine d'années relativement stables dans ce domaine. Mais, vers la fin du siècle, tout recommencera. Le monde ne pourra survivre que s'il organise dès maintenant° la lutte contre le gaspillage,° s'il pratique le recyclage et s'il économise les matières premières et l'énergie.

Entretien avec Pierre Pigagnol, *L'Express.*

forecaster

smooth

worry

review

surroundings
plan

matières premières raw materials

dès maintenant starting now
waste

226

Jouer un rôle humain : nettoyage d'une plage salie par la « marée noire » — polution par le pétrole.

L'Atome ou la catastrophe

Un autre futurologue, Louis Puisieux, a des idées très précises sur ce problème de l'énergie.

Le pétrole° : son prix a monté très rapidement et cette tendance ne fera que s'accentuer.° La raison en est simple : il faudra aller le chercher de plus en plus loin sous les mers, dans des gisements° de plus en plus difficilement exploitables, à des coûts de recherche de plus en plus élevés.

Le charbon° : les États-Unis en ont des réserves considérables, mais ce n'est pas le cas de l'Europe. Pour celle-ci, une seule solution : l'énergie nucléaire.

C'est la seule, dit Louis Puisieux, qui permette de produire de l'énergie en quantité massive et à des prix économiques.

— Mais l'uranium ne posera-t-il pas un jour des problèmes semblables à ceux du pétrole?

— Non, et ceci pour trois raisons.

D'abord, l'uranium est beaucoup plus équitablement réparti° sur la planète que le pétrole. Il y en a en Afrique, en Europe, etc...

Ensuite, il est très facile à stocker, ce qui permet de dissuader les tentatives° de spéculation.

Enfin, le coût de ce combustible ne représente que 10 pour cent du prix de revient° du kilowatt-heure produit par une centrale nucléaire. On peut donc accepter une forte augmentation du prix de l'uranium sans que le prix final de l'énergie soit sensiblement° modifié.

oil

ne... will only grow

oil fields

coal

distributed

attempts

prix... production cost

perceptibly

La plus puissante centrale nucléaire française : Phénix, à Marcoule, dans le sud de la France.

— En somme, le seul choix possible, c'est ou la croissance à base d'énergie nucléaire, ou l'arrêt de la croissance, la croissance zéro, comme on dit maintenant.

— C'est la triste réalité, et ce serait tromper le public que de lui faire croire[2] qu'il existe une autre alternative.

Entretien avec Sophie Lannes, *L'Express.*

---

[2] ce serait tromper le public que de lui faire croire *one would be deceiving the public if one assured it*

Croissance zéro?

Alors, énergie nucléaire ou croissance zéro?

Croissance zéro, répond Sicco Mansholt, ancien président de la Commission des Communautés Européennes :

— Tous les programmes énergétiques parient° sur le nucléaire. Cela m'inquiète beaucoup. Pas seulement parce qu'il n'existe pas de méthode pour se procurer de l'énergie nucléaire sans polluer, mais parce que j'essaie d'imaginer quel sera alors le monde où nous vivrons. Ce sera un monde dur, un monde de chacals,° où l'on sera toujours sur le pied de guerre.° En développant l'énergie nucléaire, en réalité on fait rentrer la terre dans une ère de non-stabilité. L'accumulation d'énergie en grande masse, c'est tout simplement un acte criminel. Je crains néanmoins que les gouvernements ne s'y lancent.° Et il n'y a pas de tribunal pour punir ces criminels-là!
    — Alors?
    — Alors, je me pose les questions suivantes : à quoi sert cette course effrénée° vers la croissance? Serons-nous plus heureux? La réponse est non, car pour les quatre cinquièmes de la population mondiale, l'augmentation du taux° de croissance n'a aucune importance : l'écart° entre le niveau de vie des riches et des pauvres va augmenter. On ment lorsqu'on affirme qu'il faut augmenter la croissance pour aider les pauvres!

Entretien avec Marcelle Padovani,
Le Nouvel Observateur.

bet

jackals
le... a war footing

ne... will throw themselves into it

cette... this wild dash

rate
difference

Énergie nucléaire, répond Louis Puisieux :

— Philosophiquement, affectivement, je suis convaincu que l'on vivrait de façon bien plus détendue° dans un monde où la quantité de biens matériels serait stable.[3] Mais je constate aussi que les partisans de l'arrêt de la croissance appartiennent à la catégorie des privilégiés. Les autres ne sont évidemment pas d'accord avec ce langage. Depuis des décennies,° c'est en leur faisant miroiter° l'espoir d'acquérir un poste de télévision, une voiture ou un logement un peu plus confortable qu'on les fait travailler et que l'on justifie les inégalités du système. Par conséquent, au point d'inégalité où nous nous trouvons,° nous sommes condamnés à la croissance — ou au cataclysme politique et social.

Entretien avec Sophie Lannes, *L'Express.*

relaxed

decades / **c'est...** it's by luring them with

au... taking into consideration the inequality among us

---

[3] Ce serait le cas avec la croissance zéro.

EXERÇONS-NOUS

NOUS MÉLANGEONS TOUT

Voici quelques exercices de révision sur des points que nous avons déjà étudiés, et sur lesquels les étudiants américains font souvent des erreurs. Alors, attention!

I   Imparfait ou passé composé? (chapitre 1)

EXERCICE   Prenez un des sujets ci-dessous. Racontez l'histoire au passé en faisant très attention à l'emploi de l'imparfait et du passé composé.

1. Vous êtes kleptomane. Vous allez dans un grand magasin très chic, où il y a beaucoup de monde, un détective et... trois autres kleptomanes! Racontez vos aventures.
2. Vous êtes journaliste. Vous venez rendre visite à l'abbé Debourges dans son petit village en France. Au cours de l'entretien, diverses personnes arrivent pour demander secours à l'abbé. Racontez.
3. Vous êtes missionnaire. On vous a envoyé au Brésil pour convertir les Tupinambas, les cannibales les plus féroces — et les plus polis — du monde! Racontez vos aventures.

II   Les Déterminants (chapitre 2)

EXERCICE   Complétez chaque phrase en utilisant un nom de la colonne de droite, ou un autre nom de votre choix. Justifiez chacune de vos phrases.

MODÈLE :   Chacun de   professeur
           Chacun de mes professeurs est formidable.
           Pourquoi?
           Ils m'enseignent tous des quantités de choses, sans en avoir l'air!

1. Tous les	féministe
2. Certains	étudiant
3. Chaque	astrologue
4. Quelques-uns de	animal
5. Tout	prévisionniste
6. Chacun de	politicien
7. Quelques	condamné à mort
8. Certains de	professeur
	fou
	ami
	psychiatre

III Comparaison et contradiction (chapitre 4)

EXERCICES

1. Voici six catégories de personnes à comparer; ajoutez-en deux autres. Pour chaque catégorie, faites une comparaison en utilisant *plus, moins* ou *aussi* avec un des adjectifs de la
colonne de droite, ou avec un autre de votre choix. Ensuite, justifiez votre comparaison.

MODÈLE : les riches, les pauvres
   Les riches sont plus heureux que les pauvres.
   Pourquoi?
   Ils peuvent se lever tous les jours à midi.

1. les hommes, les femmes	irrationnel
2. les bourgeois, les hippies	violent
3. les sauvages, les gens civilisés	pratique
4. les jeunes, les vieux	dangereux
5. les fous, les gens « normaux »	honnête
6. les pacifistes, les militaires	poli
7. _____ , _____ ⎫ à votre choix	idéaliste
8. _____ , _____ ⎭	logique
	prudent
	égoïste
	heureux
	idiot
	sympathique

2. Modifiez quatre comparaisons de l'exercice précédent pour les rendre plus fortes ou plus
nuancées. Ajoutez des mots comme *au moins, bien, beaucoup, pas toujours* (voir les
pages 64–65).

MODÈLE : Les riches sont plus heureux que les pauvres.
   Les riches sont beaucoup plus heureux que les pauvres.

3. Indiquez votre désaccord avec quatre des comparaisons de l'exercice 1 en utilisant *mais
non, mais si* ou *au contraire* (voir les pages 65–66). Justifiez votre désaccord.

MODÈLE : Les riches sont plus heureux que les pauvres.
   Mais non, les riches ne sont pas plus heureux que les pauvres.
   Pourquoi pas?
   Ils ont peur des voleurs et du percepteur (*tax collector*).

IV Verbes avec un objet direct + un objet indirect (chapitres 3, 5)

EXERCICES 1. Voici huit verbes qui prennent un objet direct et un objet indirect. Faites une phrase avec chacun d'eux. Pour l'objet indirect, prenez une expression de la colonne de droite, ou une autre à votre choix. Quant à l'objet direct — ce que vous allez expliquer, avouer, donner, etc. — à vous de le proposer! Justifiez chacune de vos phrases.

MODÈLE : recommander   mes contemporains
> **Je recommande les voyages solitaires à mes contemporains.**
> Pourquoi?
> **Ils favorisent la méditation.**

1. expliquer	vous
2. avouer	mes parents
3. donner	un agent de la C.I.A.
4. demander	les assassins
5. cacher	mes ami(e)s
6. pardonner	mon avocat
7. reprocher	mes professeurs
8. recommander	les adversaires de la peine de mort
	mon médecin

2. Refaites les huit phrases de l'exercice précédent en remplaçant les noms par des pronoms (forme courte).

MODÈLE : Je recommande les voyages solitaires à mes contemporains.
> **Je les leur recommande.**

V La Phrase interrogative (chapitre 8)

EXERCICE Posez la question, puis répondez-y.

MODÈLE : Demandez-moi contre qui les exorcistes se battent.
> **Contre qui est-ce que les exorcistes se battent?**
> **Ils se battent contre les démons.**

1. Demandez-moi si je prétends agir normalement.
2. Demandez-moi ce que je pense de la société industrielle.
3. Demandez-moi comment sont les hippies.
4. Demandez-moi ce que c'est que le sabbat.
5. Demandez-moi ce que je ferais si je voyais des soucoupes volantes (*flying saucers*).
6. Demandez-moi qui a inventé la guillotine.

7. Demandez-moi ce qui m'inquiète le plus dans ma vie quotidienne.
8. Demandez-moi à quoi un gourmet s'intéresse.
9. Demandez-moi où est née l'acupuncture.
10. Demandez-moi de quoi la société actuelle veut se débarrasser.

VI   Un Peu de tout

EXERCICES   1. Complétez les phrases suivantes. Attention surtout au temps et au mode du verbe!

1. Le psychologue a déclaré que les maladies mentales
2. Tout cannibale a dû
3. Ce réactionnaire critique vivement les moeurs des jeunes, bien que
4. Si je voulais simuler la folie
5. Pendant combien de temps cet imbécile
6. Elle s'étonne que l'Américain moyen
7. Jusqu'à quel point une société libre
8. Nous n'aurons plus de sujets d'inquiétude quand
9. Pensez-vous qu'un vrai fou
10. Il est évident que ce soi-disant expert

2. Même exercice.

1. Elle a affirmé que la virginité
2. Il faut que les criminels les plus sanglants
3. Cette vieille dame aurait terriblement peur si
4. Plus on m'exhortait à obéir, (plus / moins)
5. Depuis combien de temps ce condamné à mort
6. Je m'abandonnerai à tous les vices aussitôt que
7. Je suis pour les liaisons avant le mariage, pourvu que
8. Ce prétendu sociologue ignorait que
9. À la place du président des États-Unis, je
10. Je ne crois pas que les racistes

3. Faites des phrases en utilisant les mots proposés.

MODÈLE : une phrase avec le pronom relatif *que* + *prisonnier* (m) ou *voleur* (m)
           J'ai pitié du prisonnier que vous avez vu.

1. une phrase avec le pronom relatif *qui* + *victime* (f) ou *bourreau* (m)
2. une phrase avec le relatif *avec qui*
3. une phrase passive avec *frapper* ou *scandaliser*
4. une phrase avec le pronom relatif *ce que* + *cacher* ou *approuver*
5. une phrase avec *ne... que* avec *battre* ou *insulter*

6. une phrase avec *devoir* au passé composé + *rassurer* ou *mentir*
7. une phrase impérative négative avec *se dépêcher* ou *se suicider*
8. une phrase avec le pronom relatif *dont* + *avoir peur de* ou *se souvenir de*
9. une phrase avec *d'une part... d'autre part*
10. une phrase avec *rendre* + adjectif

UN PEU DE VOCABULAIRE

1. Il faut reconnaître que nous n'avons presque rien fait pour les améliorer.

   — Que signifie ici *reconnaître*?

   — *Améliorer quelque chose,* qu'est-ce que c'est?

2. Nous fabriquons des êtres humains complètement coupés de leur voisinage.

   — Que signifie *fabriquer*? Citez des objets qui sont *fabriqués,* au sens propre du mot. Alors, qu'est-ce que c'est qu'*une fabrique*?

   — Que veut dire *coupés de leur voisinage*? Donnez deux synonymes de *voisinage*. Et qu'est-ce qu'un *voisin,* une *voisine*?

3. Cette tendance ne fera que s'accentuer.

   — Que signifie ici *s'accentuer*?

   — *Ne fera que s'accentuer* : dites cela d'une autre façon.

   — Transformez la phrase pour qu'elle exprime l'idée contraire.

4. Ce serait tromper le public que de lui faire croire qu'il existe une autre alternative.

   — Qu'est-ce que c'est, *tromper quelqu'un*?

   — Que signifie *faire croire quelque chose à quelqu'un*? Donnez des synonymes, puis employez cette expression dans une phrase.

5. À quoi sert cette course effrénée vers la croissance?

   — Exprimez *à quoi sert cette course* d'une autre façon. Employez *à quoi sert* dans une autre phrase.

   — Qu'est-ce que c'est qu'une *course effrénée*? Expliquez.

6. Philosophiquement, affectivement, je suis convaincu que l'on vivrait de façon bien plus détendue dans un monde où la quantité de biens matériels serait stable.

   — *Philosophiquement, affectivement* : ces deux mots montrent que l'auteur est convaincu de deux façons bien différentes. Expliquez.

   — Que signifie *détendue*? Exprimez cette idée d'une autre façon. Et qu'est-ce que c'est qu'*une détente* — par exemple, entre la Russie et les États-Unis? Quel serait le contraire de *détendu*? Et de *détente*?

— Qu'est-ce que c'est que des *biens matériels*? Donnez des exemples.

— Exprimez *stable* d'une autre façon.

7. Je constate aussi que les partisans de l'arrêt de la croissance appartiennent à la catégorie des privilégiés.

— *Je constate que* : dites cela d'une façon différente.

— Qu'est-ce que c'est qu'*un privilégié*?

— Ils *appartiennent à la catégorie des privilégiés* : dites cela d'une autre façon.

— Donnez un synonyme d'*appartenir à*. Employez *appartenir à* dans une phrase.

— Qu'est-ce que c'est qu'*une catégorie*?

IMAGINONS / DISCUTONS

1. Trois sujets d'inquiétude.

— Pierre Pigagnol est prévisionniste : qu'est-ce que c'est?

— Il cite trois grands sujets d'inquiétude qui le préoccupent en ce moment. Lesquels? Expliquez chacun d'eux.

— Quelles solutions la France a-t-elle trouvées pour ces problèmes jusqu'ici?

— Est-ce que ces problèmes se posent aussi pour l'Amérique? Citez quelques exemples précis.

— Quelles solutions l'Amérique a-t-elle trouvées? Quelles solutions proposez-vous vous-même? Ou est-ce que ces problèmes sont insolubles? Discutez.

> *IMAGE, p. 229*

2. Le problème de l'énergie : un choix à faire.

— En ce qui concerne le problème de l'énergie pour l'Europe, le futurologue Louis Puisieux rejette deux solutions possibles : le pétrole et le charbon. Pourquoi?

— Quelle solution propose-t-il alors?

— Selon lui, si on n'adopte pas cette solution, il n'y a qu'une seule possibilité. Laquelle?

— Ces deux possibilités sont très discutées de nos jours. Citez les arguments présentés par les partisans de chacune.

— S'il faut choisir entre elles, laquelle préférez-vous? Expliquez.

3. On veut construire une centrale nucléaire près de votre ville. Vous écrivez une lettre de protestation à votre député (*Congressman*) ou à votre sénateur.

   Vocabulaire supplémentaire :
   > un acte criminel, s'indigner, un scandale,
   > au nom de, barbare, la folie, fou, idiot,
   > salauds, assassins, se suicider, impensable.

SUJETS SUPPLÉMENTAIRES

IMAGE, p. 239

1. Dans la liste de ses suggestions pour l'énergie, Pierre Pigagnol ne mentionne pas l'énergie solaire. Est-ce que ce ne serait pas une façon de résoudre le problème de la pollution? Qu'en pensez-vous?

IMAGE, p. 227

2. Est-il maintenant de plus en plus difficile de « jouer un rôle humain » dans la société actuelle? Pourquoi? Avez-vous des suggestions?

IMAGE, p. 224

3. Expliquez la reference à Attila dans ce dessin. Faut-il conserver « le bon vieux temps »? Ou faut-il « marcher avec son temps »? Est-ce qu'un compromis vous semble possible?

Un four (*oven*) solaire et ses miroirs. Il se trouve à Odeillo, dans le sud de la France.

PICTURE CREDITS AND COPYRIGHT ACKNOWLEDGMENTS

COVER PHOTO: © Arthur Tress / MAGNUM

2 © Charles Harbutt / MAGNUM
5 EDIP Publicité
7 Harbrace Photo, LaCarrière
9 Hélène Ortali
18 Air France
20 Olivier Villeneuve / GAMMA
23 dessin PARIS MATCH / POINTU
25 Harbrace Photo, Forbes
35 "France-Informations" No. 60
36 Sempé
39 Janine Niépce, RAPHO / PHOTO RESEARCHERS
43 © Henri Cartier-Bresson / MAGNUM
52 Richard Rosenblum
54 Lynda Gordon
56 Janine Niépce, RAPHO / PHOTO RESEARCHERS
59 © Marc Riboud / MAGNUM
61 © Henri Cartier-Bresson / MAGNUM
71 Hélène Ortali
72 Sempé
74 Harry Benson
77 Beatrice T. Gardner
79 Gabriel Edme
88 photo PARIS MATCH / GRAGNON
90 © Henri Cartier-Bresson / MAGNUM
93 Chapel, ELLE
97 Alain Marouani
107 Gilbert Uzan / GAMMA
108 courtesy of The Commercial Press Ltd., Hong Kong
110 Jean-Pierre Rey, LE NOUVEL OBSERVATEUR
113 photo: Bibliothèque Nationale, Paris
114 © Marc Riboud / MAGNUM
123 © London Daily Express

124 © Arthur Tress / MAGNUM
129 Hélène Ortali
130-34 dessins BERTHET / PARENTS
142 Claire Bretecher, LE NOUVEL OBSERVATEUR, No. 504, 1974
144 GAMMA
146 © 1965 by Stanley Milgram. From the film OBEDIENCE, distributed by the New York University Film Library
154 Roberto Schezen / GAMMA
156 Richard Phelps, RAPHO / PHOTO RESEARCHERS
158 Jean-Pierre Couderc, © L'EXPRESS
161 Collection Viollet
161 © Jean-Pierre Dèsclozeaux, John Locke Studio
170 Ogilivy & Mather, Inc.
172 Norman, Craig & Kummel, Inc.
174 © Henri Cartier-Bresson / MAGNUM
175 © Ronald Searle, John Locke Studio
177 Jean-Pierre Couderc, © L'EXPRESS
186 Michel Giannoulatos, © L'EXPRESS
188 Sempé
191 Sempé
194 Wiaz, © LE NOUVEL OBSERVATEUR
206 clichés des Musées Nationaux
208 © Gilles Peress / MAGNUM
211 photo PARIS MATCH / LITRAN
212 Pierre Domenech
222 Abbas / LIAISON-SIPA
224 J. F. Batellier
227 Jacques Pavlovsky; RAPHO / PHOTO RESEARCHERS
229 Gilbert Uzan / GAMMA
239 LIAISON-SIPA

VOCABULAIRE

This list contains all words used in this book (except obvious cognates) that are not included in the "Français fondamental." When two meanings are given, these are, in order, the most common meaning and the particular meaning found in this book.

Abbreviations:
- *m* = masculine noun
- *f* = feminine noun
- *s* = singular
- *pl* = plural
- *adj* = adjective
- *fam* = familiar

A

abeille *f*   bee
aborder   to approach
abriter   to house
accabler   to denounce
accentuer (s')   to grow
accorder (s')   to agree
accueillir   to welcome
actuel   present
actuellement   now
adapter   to adapt
affectif   emotional
afin que   in order to
agir   to act
agit : il s'— de   it's a question of
aiguille *f*   needle
ajouter   to add
allongé   lying down
ambiance *f*   atmosphere
améliorer   to improve
aménager   to plan
amoureux   in love
angoissant   distressing
animateur *m*   group leader
apaiser (s')   subside

appartenance *f*   membership
appartenir   to belong
apprentissage *m*   apprenticeship
après : d'—   according to
arrêt *m*   stop
arrière-plan *m*   background
arriver   to arrive, to happen
ascenseur *m*   elevator
asile *m*   asylum
Assises : Cour d'—   criminal court
association *f*   agency
attente *f*   wait, anticipation
audacieux   bold
auditeur *f*   listener
augmentation *f*   increase
aumônier *m*   priest teaching religion in a secular school
auto-stop *m*   hitchhiking
auto-stoppeur *m*   hitchhiker
autrefois   formerly
autrui *m, s, no article*   the others
avaler   to swallow
avertir   to warn
avocat *m*   lawyer
avouer   to confess

B

baccalauréat *m*   exam at the end of lycée
bachelier *m*   person who has passed the baccalauréat
baillonner   to gag
baisser   to lower, to decline
banlieue f   suburbs
bannir   to banish
barbu   bearded
bas : à— ... !   down with . . . !
bâtiment *m*   building
bâton *m*   stick
battre (se)   to fight
bavard *m*   chatterer
bénir   to bless
bénite : de l'eau —   holy water
blé *m*   wheat
blessé   injured
bondé   crowded
bouffe *f, fam*   feed
bougeotte *f*   the fidgets
bourreau *m*   executioner
bout : au — de   at the end of
but *m*   goal

C

cadre *m*   environment, executive
cadre : dans le — de   within
cambrioler   to burglarize
camionneur *m*   truckdriver
camisole : une — de force   straightjacket
candidature *f*   application
caractère *m*   characteristics, character
carnet *m*   notebook
casser   to break
cause : se remettre en —   to reevaluate oneself
causer   to chat
centenaire   one hundred years old
centimètre carré *m*   square centimeter
cependant   however
certains   some
cerveau *m*   brain
chacal *m*   jackal
chaîne *f*   chain, assembly line
chair *f*   flesh
chance *f*   luck
charbon *m*   coal

chasser   to hunt
chasseur *m*   hunter
châtiment *m*   punishment
chevelu   with long hair
chiffre *m*   figure, number
choc *m*   shock, bump
chômage *m*   unemployment
chouette *fam*   great
chute *f*   fall, falling
circulation *f*   traffic
cité *f*   city, society
classement *m*   ranking (of students)
client *m*   customer
cobaye *m*   guinea pig
coeur : de bon —   willingly, readily
coffre-fort *m*   safe
cogner (se)   bump into
commerce *m*   business
comportement *m*   behavior
composition *f*   test paper, composition
concours *m*   competitive examination
concurrence *f*   competition
conducteur *m*   driver
conduire (se)   to behave
conjuguer   to conjugate, to combine
connaissance *f*   knowledge
conquérir   to conquer
consacrer   to devote
conscience *f*   awareness
conserver   to keep
constatation *f*   observation
constater   to observe
contenu *m*   content
contestataire   challenging
contestation *f*   protest, opposition
contrôle *m*   testing
convient : il — de   it's fitting to
copain *m*   buddy
copie *f*   test paper
corde *f*   rope, noose
cornu   with horns
costaud   husky
côte *f*   rib
coude *m*   elbow
coup *m*   blow, knock
coupable   guilty
coût *m*   cost

couteau m knife
couvert m place setting
crainte f fear
critère m criterion
croisés : les mots — crossword puzzles
croissance f growth
curé m parish priest, curate

D
dactylo f typist
débarquer to disembark
débarrasser to rid
débrouillard resourceful
décennie f decade
décevant disappointing
décharge : une — électrique shock
déclencher to produce, to trigger
découverte f discovery
défendu forbidden
défi m challenge
définir to define
dehors outside
delà : au — de beyond
demeurer to remain
démodé outdated
dépourvu de devoid of
déprimant depressing
déraisonnable unreasonable
déranger to disturb
dérégler (se) to break down
dès que as soon as
désolé sorry
désordonné random
dessin m drawing
destituer to dismiss
détendre (se) to relax
détendu relaxed
détenir to possess
détenu m convict
diable m devil
diplômé m graduate
diriger to manage
discours m speech
disponible available
disque m record
dissimuler to hide
divan m couch

docimologie f study of testing
domaine m field
domestique m servant
domestiques : des travaux — housekeeping
donc therefore, then
dos m back
dossier : un — scolaire scholastic record
drap m sheet
droit m law

E
écart m difference
écarter to discard, to reject
échec m failure
échelle f ladder
échouer to fail, to flunk
éclairer to throw light on
économique cheap
économiser to save, economize
écraser to crush
écraser (s') to crash
efficace effective
effréné wild
égal : ça m'est — I don't care
égoïsme m selfishness
élargir to enlarge
élargir (s') to widen
élastique m rubber band
élevage m raising, farming
éloigné far away
émission f broadcast
emmener to take
emploi m use, job
endroit m place
enfermer to lock up
engager to hire
enlever to take away
ennuyé annoyed
ennuyeux boring
enquête f inquiry, survey
enseignement m teaching
enseigner to teach
entasser (s') to crowd in
entourage m those close to you
entremets m side dish
entretien m interview
envahir to invade

envahissement *m* invasion
envers toward
envie : avoir — to want, to feel like
envier to covet
envoler (s') to fly away
épanouir (s') to blossom
épinards *m, pl* spinach
épouse *f* wife
équipe *f* team
espace *m* space
espèce *f* species, sort
étalage *m* display
étincelle *f* spark
étonner (s') to be surprised
étranger *m* foreigner
étranger : à l'— in a foreign country
étroit narrow
évangile *m* gospel
événement *m* event, occurrence
évident obvious
éviter to avoid
examinateur *m* examiner
expérience *f* experiment
expérimenté seasoned
extrait extracted

F
fâcher (se) to get angry
façon *f* way, sort
fantasme *m* fantasy
farine *f* flour
faussaire *m* forger
féminiser (se) to be taken over by women (jobs)
fer *m* iron
ficelle *f* string
ficher : se — de *fam* not to care about
fierté *f* pride
figuré figurative
filiale *f* branch
foi *f* faith
foie *m* liver
folie *f* folly, madness
foncier basic
fonctionnaire *m* civil servant
fond : au — de at the bottom of, at the end of
fondements *m, pl* foundations
fondre to melt

forcément necessarily
formidable terrific
fortune *f* fortune, destiny
four *m* oven
fourchu cloven
foyer *m* home
frapper to strike
fréquenter to attend
fric *m, fam* dough, bread (money)
fuite *f* flight, escape
futurologue *m* forecaster

G
gaffer *fam* to make a blunder
gamin *m* kid (child)
gars *m, fam* boy
gaspillage *m* waste
gêner to obstruct, to disturb
geste *m* gesture
gibier *m* game
gifler to slap
gisement : un — de pétrole oil field
glacé iced, cold
gosse *m* kid (child)
gourmandise *f* love of good food
goût *m* taste
goûter to taste
gracier to pardon
gratte-ciel *m* skyscraper
gratuit gratuitous, free
gravité *f* seriousness
greffe *f* transplant
grève *f* strike, shore
griffe *f* claw

H
habile skillful
habillement *m* clothing
habits *m, pl* clothes
haricots *m, pl* beans
hasard *m* chance
hasard : au — at random
heureux happy, lucky
homard *m* lobster
horloger *m* clockmaker
hors de outside
huitre *f* oyster

I

ignorer to be unaware of
immeuble *m* apartment house
impensable unthinkable
imposition *f* laying on of hands
imprévu *m* unforeseen
impuissance *f* impotence
inattendu unexpected
inconscient *m* unconscious
inconséquence *f* inconsistency
incontestable undeniable
indice *m* clue, indication
indigner (s') to be indignant
indistinctement indiscriminately
individu *m* person
inédit unprecedented
infirmier *m* nurse
infliger to inflict
infraction *f* offense
injurier to insult
innombrable innumerable
innommable disgusting
inquiétude *f* worry
insister sur to stress
installer (s') to settle oneself
instituteur *m* grammar school teacher
insupportable unbearable
interdit forbidden, banned

J

jeunesse *f* youth
jour : à — up to date
juif Jewish
juré *m* juror
justement precisely

K

kyste *m* cyst

L

lancer : se — dans to throw oneself into
larme *f* tear
laurier *m* laurel
légende *f* legend, caption
léger light, easy
légume *m* vegetable
léser to harm

lèvre *f* lip
lézarder (se) to crack
lié related, linked
liquide : de l'argent — cash
lisible legible
longue : à la — in the long run
lot : le gros — jackpot
lutte *f* fight
lycée *m* high school
lycéen *m* high school student

M

magasin : un grand — department store
maïs *m* corn
mal *m* evil
malaise *m* unrest
malchanceux unlucky
malentendu *m* misunderstanding
malhonnête dishonest
malin clever, cunning
mangeur *m* eater
manque *m* lack
manuel *m* textbook
marché *m* market, marketing
masculiniser (se) to be taken over by men (jobs)
maternelle : l'école — nursery school
matière première *f* raw material
méfier (se) to beware
mélange *m* mixture
mêlé à mixed with
même same, even
ménagère *f* housewife
mendiant *m* beggar
mentir to lie
mépris *m* scorn
métro *m* subway
mignon cute, tiny
milieu *m* social class, environment
miroiter : faire — to lure
mise en scène *f* staging
mixité *f* coeducation
mode *f* fashion
mode : un — de vie way of life
moine *m* monk
moins : du — anyway
mouche *f* fly
moule *m* mold

moyen *m*   means
moyen *adj*   average
muet   mute
mûr   middle-aged, ripe

N

naissance *f*   birth
neuf, neuve   new
nier   to deny
nombreux   numerous
note *f*   grade, note
nourrir : se — de   to feed on
nourriture *f*   food
noyau *m*   pit
nuire à   to harm
nul : un match —   tie (in a competition)

O

obsédé   obsessed
occasion *f*   opportunity
occuper : s'— de   to mind, to take care of
officieux   semi-official, officious
onde *f*   wave, *fig:* water
onguent *m*   ointment
or   now, well now
oraison *f*   prayer
ordinaire *m*   everyday menu
ordinateur *m*   computer
orgueil *m*   arrogance
original *m*   eccentric
oser   to dare
oubli *m*   oblivion
ouragan *m*   hurricane
ouvragé   elaborate
ouvrier *m*   worker

P

panier *m*   basket
panne *f*   breakdown
paraître   to appear
parcourir   to go through, to flow through
paresseux   lazy
parier   to bet
parmi   among
partager   to share
particulier   private
partir : à — de   from

passer : se — de   to do without
péché *m*   sin
pédagogue *m*   educator
pédiatre *m*   pediatrician
peine : à —   hardly
peine *f*   penalty
péjoratif   disparaging
pelle *f*   shovel
pelouse *f*   lawn
pendule *f*   clock
pénible   hard, difficult
pénurie *f*   scarcity, want
pétrole *m*   oil
perdrix *f*   partridge
personnage *m*   character
perte *f*   loss
philtre *m*   potion
piège *m*   trap
piéton *m*   pedestrian
piquer   to prick, to steal (*fam*)
plage *f*   beach
plaindre (s')   to complain
plaisantin *m*   joker
plat *m*   dish
plier : se — à   to conform to
plupart : la —   most
polonais   Polish
pomme : une — de terre   potato
porter (se)   to be in a state of health
poste *m*   position
poste de télévision *m*   T.V. set
poubelle *f*   garbage can
poule *f*   hen
poupée *f*   doll
pourri   rotten
pourtant   however, still
pouvoir *m*   power, capacity
préciser   to specify
prédire   to predict
préjugé *m*   prejudice
presbytère *m*   rectory
prétendre   to claim, to maintain
prêter   to lend
preuve *f*   proof
prévisionniste *m*   forcaster
prochain *adj*   next
prochain *m*   fellow man

procurer (se) to obtain
propriétaire *m, f* owner
protéger to protect
provenir de to come from
provisoire temporary
prune *f* plum
puisque since
puissance *f* power
pulsion *f* instinct

Q
quant à as for
quelconque any, no matter which
quotidien daily

R
racine *f* root
rang *m* rank, row
rappeler to remind
rapport *m* relationship
rapport : par — à in relation to
rapprocher to bring together
réagir to react
réaliser to realize, to achieve
réapprendre to learn again
recensé recorded
réchauffer to reheat
réchauffeur *m* heater
recherche *f* search
réclame *f* advertisement
réclamer to demand
reconnaissance *f* recognition, gratitude
recouvrir to coincide with
reçues : des idées — stereotypes
recul *m* lapse, backing up
recyclage *m* recycling
réfléchi thoughtful, reflexive (of a verb)
refouler to repress
règle *f* rule, ruler
rein *m* kidney
reins *m, pl* lower back
relâcher (se) to grow slack
rencontre *f* meeting
renseignements *m, pl* information
renversé turned upside down
réparer to repair, to atone for
répartir to distribute

répliquer to reply
reporter (se) to refer
reposer (se) to rest
réquisitoire *m* charges
résoudre to resolve
ressentir to feel strongly, to react to
rester to stay
retenir to retain, to accept
retour *m* return
retraite *f* retirement
réunir to gather
réussir to succeed
réussite *f* success
revanche *f* revenge
revanche : en — on the other hand
révélateur revealing
revenu *m* income
rêver to dream
revient : un prix de — production cost
revoir to review, to see again
revue *f* magazine
rigolo : un petit — a funny fellow
rimer to rhyme, to have the meaning of
rompre to break
royaume *m* kingdom
ruisseau *m* brook

S
sabbat *m* witches' Sabbath
sable *m* sand
sac marin *m* duffle bag
sain sound, healthy
salaud *m* bastard
salut! hi!
salut *m* greeting, safety
sanglant bloody
santé *f* health
sauter to jump
savane *f* treeless plain
savant *m* scientist
savoir *m* knowledge
scolarité *f* years spent in school
seau *m* pail
seau : un — à glace ice bucket
secours *m* help
secrétariat *m* position of secretary, secretarial office

séjour *m*   stay, sojourn
semblable *m*   fellow human
sensiblement   perceptibly
sentiment *m*   feeling, impression
sentir   to smell, to feel
serrer (se)   tighten
serviette *f*   briefcase
seuil *m*   level, threshhold
significatif   significant
singe *m*   monkey
sinon   if not
soigné   well groomed, cared for
soins *m, pl*   cares
somme : en —   in short
sondage *m*   survey
songer à   to think of
sorcier *m*   sorcerer
sortilège *m*   spell
soucis *m, pl*   worries
souffrir   to suffer
souhaiter   to wish
soulever   to lift up
souple   smooth, flexible, supple
sourd   deaf
sourire   to smile
statut *m*   status
stop : faire du —   to hitchhike
subir   to undergo
sublimé   sublimated
sucette *f*   lollipop
suédois   Swedish
suffir   to be sufficient
suite *f*   series
supprimer   to suppress
surabondance *f*   excess
surgelé *m*   frozen food
surveillant *m*   guard
surveiller   to watch
survivant *m*   survivor
sympathique   nice, likable
sympa *fam of sympathique*   nice, likable

T

tableau *m*   picture, chart
taille *f*   height
tant : en — que   as
tas *m*   heap, pile

tatouage *m*   tattoo
taux *m*   rate
témoignage *m*   evidence, testimony
témoin *m*   witness
tendre (se)   to extend
ténèbres *f, pl*   darkness
tentative *f*   attempt
terminale : la classe —   senior year in the
   lycée
terminé   finished
thèse *f*   theory, thesis
tiers *m*   one third
timbre *m*   stamp
tirer   to pull
tomber sur   to come across
torrent *m*   stream
traduire   to translate
trahir   to betray
trainer les pieds   to drag one's feet
traiter de   to call
travers : à —   through
travers : en —   across
tricher   to cheat
tromper   to deceive
trottoir *m*   pavement
trouver (se)   to be
tutoiement *m*   calling someone *tu*
tutoyer   to call someone *tu*

V

vaincre   to defeat
vaincu   defeated
vaisselle *f*   dishes
valeur *f*   value
vanter (se)   to boast
ventre *m*   belly
vérifier   to ascertain, to check
verrou *m*   latch
vide *m*   emptiness
vivres *m, pl*   supplies
voeu *m*   desire, wish
voie : en — de   in the process of
voisinage *m*   surroundings, neighborhood
vol : au —   on the wing, in flight
volaille *f*   poultry
voler   to fly, to steal
vouvoyer   to call someone *vous*

A 6
B 7
C 8
D 9
E 0
F 1
G 2
H 3
I 4
J 5